W0207723

DAS ATELIER DES MALERS

ÖLMALEREI

EDITION
MICHAEL FISCHER

ÖL-MALEREI

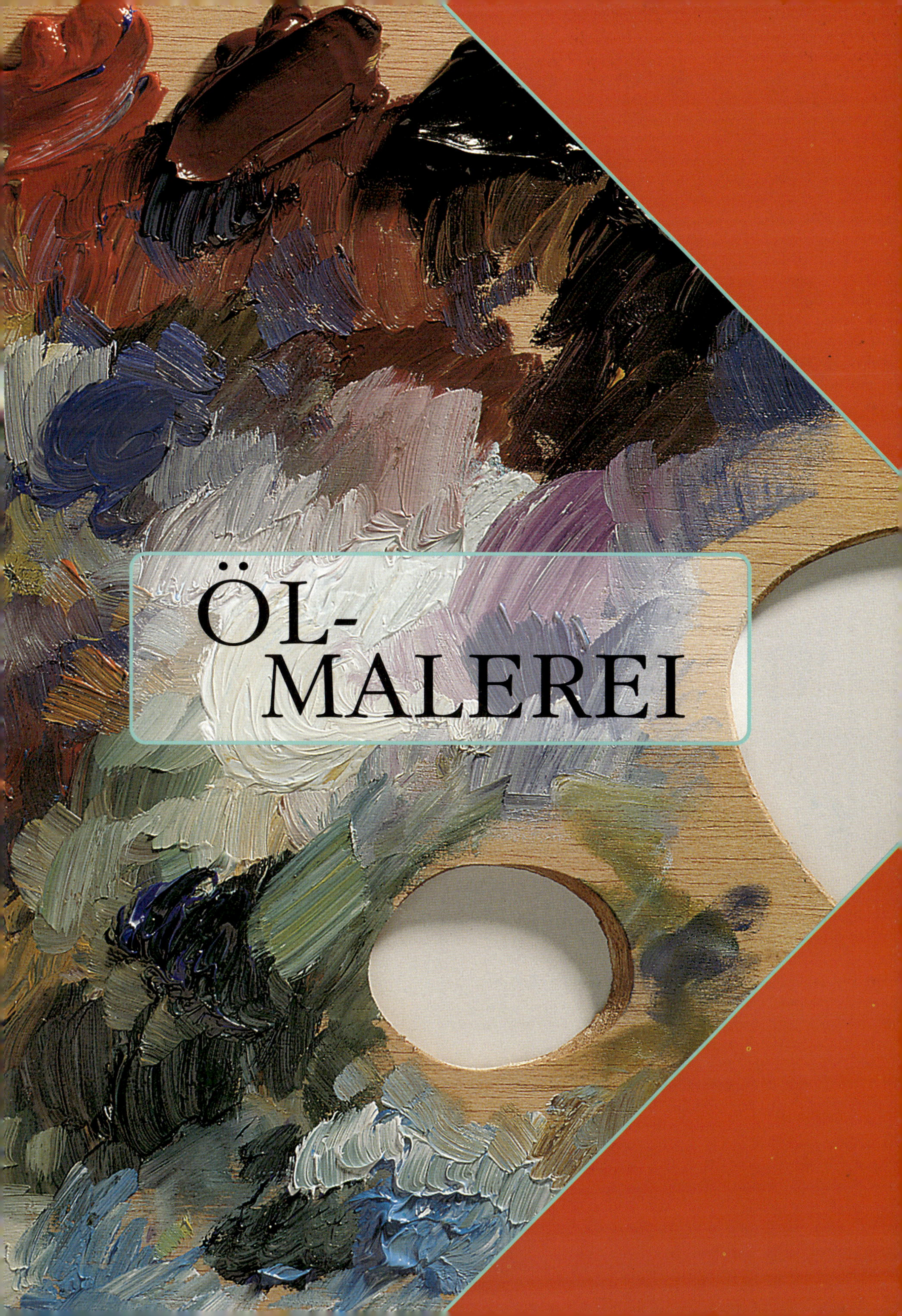

Titel der Originalausgabe: „Óleo"
Aus der Reihe: El Rincón del pintor

Aus dem Spanischen übertragen von
Christa L. Cordes

1. Auflage 2002
Alle Rechte der deutschsprachigen Ausgabe bei
Edition Michael Fischer GmbH, München
© 1999 by Parramón Ediciones, S.A., Barcelona
Alle Rechte vorbehalten

Herausgeberin der Reihe:
María Fernanda Canal

Texte und Koordination: *David Sanmiguel*

Durchführung der Übungen: *David Sanmiguel, Josep Torres und Yvan Vinyals*

Layout der Reihe: *Josep Guasch*

Fotografie: *Nos & Soto*

Herstellung und Satz:
Verlagsservice Henninger GmbH, Würzburg

Printed in Spain

ISBN: 3-933033-63-2

Danksagungen

Parramón Ediciones, S.A. sprechen dem Künstlerbedarfsgeschäft Casa Piera und den folgenden Firmen ihren Dank aus für die Überlassung des umfangreichen Materials zum Malen: Pinceles Escoda, Talens und Titan.

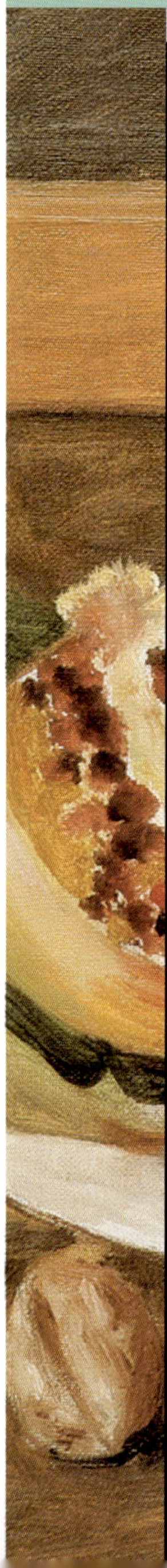

Inhalt

Einführung

Die Ölmalerei gilt unbestritten als das edelste Malverfahren. Gleichzeitig betrachtet man sie als die schwierigste künstlerische Technik. Beide Feststellungen sind allerdings anfechtbar, auch wenn die berühmtesten Werke der westlichen Malerei in Öl angefertigt wurden. Daher rührt das Ansehen dieses Malverfahrens. Was die Schwierigkeit betrifft, ist festzustellen, dass die Handhabung der Ölfarben weder einfacher noch schwieriger ist als die anderer Malmedien. In der Kunst beruht alles auf der Ansammlung praktischer Erfahrungen, und dieses Buch bietet eine vollständige Anleitung, damit Sie solche wertvollen Erfahrungen erwerben können.

Im ersten Teil des Buches befassen wir uns mit einigen großen Meisterwerken der Vergangenheit aus technischer Sicht: Wir erfahren, dass die großen Künstler sich nicht darauf beschränkten, die herkömmlichen Methoden zu übernehmen, sondern neue Wege öffneten und neue Arbeitsweisen mit dem Material einführten. So kann sich der Leser anhand der großen Meister in die faszinierende Welt der Malerei einführen.

Bei der Betrachtung der konkreten Unterschiede zwischen den einzelnen Malverfahren stellen wir fest, dass die Ölmalerei erheblich mehr Werkzeug benötigt als die Aquarell- oder die Pastellmalerei. Außerdem trocknen Ölfarben langsam und erfordern eine ebenso geduldige wie energische Behandlung. Das sind ihre Hauptmerkmale, die sich nur dann in einen Nachteil verwandeln, wenn wir die Ölfarben nicht entsprechend ihrer Natur verwenden.

Einen weiteren Abschnitt haben wir der ausführlichen Beschreibung des erforderlichen Materials und Zubehörs sowie seiner korrekten Benutzung gewidmet. Ergänzt werden diese Erklärungen durch Ratschläge und Hinweise auf Fehler, die es zu vermeiden gilt. In den letzten Kapiteln des Buches zeigen wir Ihnen die unterschiedlichen Malweisen mit Ölfarben, angefangen von der traditionellen Methode der Schattierung bis zur freieren, spontaneren Darstellung. Folgen Sie den Erklärungen und den Abbildungen, werden Sie die charakteristischen Verfahren mühelos begreifen.

Insgesamt bietet das Werk einen kompletten Überblick über die Ölmalerei und erleichtert dem Profi wie dem Anfänger den Einstieg in dieses Medium.

Kurze Geschichte der Ölmalerei

Die Geschichte der Ölmalerei ist eine bewundernswerte Folge von Erneuerungen, die durch die größten Künstler Europas erfolgten. Ihre Werke zeigen, dass die Ölmalerei das vielseitigste Malverfahren ist, das als künstlerisches Ausdrucksmittel verwendet wird.

Verglichen mit anderen Malverfahren, ist die Ölmalerei eine verhältnismäßig junge Technik, denn sie zählt erst knapp 600 Jahre. Das ist wenig im Vergleich zur Malerei mit Chinatusche, die seit 2000 Jahren verwendet wird, oder den Aquarellfarben, die bereits im alten Ägypten vor mehr als 5000 Jahren verbreitet waren. Allerdings gibt es einen entscheidenden Unterschied: Ölfarben sind seit der Renaissance bis in unsere Tage das künstlerische Ausdrucksmittel aller großen europäischen Meister und damit das Handwerkszeug der imponierenden künstlerischen Entwicklung der Malerei.

Im Laufe dieser sechs Jahrhunderte wurden die Ölfarben auf vielfältigste Weise verwendet, sodass unterschiedlichste Werke entstanden. Sie reichen von den lasierten Oberflächen eines Van Eyck über die Impastos eines Tizian, dem subtilen Farbauftrag bei Velazquez, die Lichteffekte eines Turners, den Naturalismus der Historienmalerei des 19. Jahrhunderts bis zu den pastosen körnigen Pinselstrichen der Impressionisten. Die Aufzählung ließe sich endlos weiterführen und zeigt, dass die Ölfarben zu allen Zeiten das vielfältigste künstlerische Ausdrucksmittel waren.

◆ *Die Ölmalerei war Ausdrucksmittel der großen Meister der europäischen Malerei.* ◆

Die Ölfarben passen sich allen Stilen an und ergeben zarte oder energische, feine oder grobe, transparente oder deckende Farbschichten. Ihre Möglichkeiten scheinen grenzenlos zu sein. In der folgenden kurzen geschichtlichen Zusammenfassung untersuchen wir einige Höhepunkte der technischen Entwicklung anhand der charakteristischen Werke der jeweiligen Epoche. Die Liste der Künstler, die wir Ihnen vorstellen, ist kurz und sicher anfechtbar. Wir hätten auch andere, ebenso bedeutende Meister wählen können. Sicher ist jedoch, dass die hier vereinten Maler zu ihrer Zeit große kreative Köpfe waren, die der Ölmalerei jenes universale Ansehen verliehen haben, das sie heute genießt.

William Turner, Die Lawine, *Tate Gallery, London. Turner war einer der wichtigsten Erneuerer der Ölmalerei. Er zog seine Inspiration immer aus den spektakulärsten Phänomenen der Natur.*

Von der Temperamalerei zur Ölmalerei

Wann die Ölmalerei erstmals auftauchte, ist nicht mit Sicherheit festzustellen. Zweifellos geschah dies jedoch nach 1400 und zwar in Flandern (das heute teils zu Belgien und teils zu den Niederlanden gehört). Bis zu jenem Zeitpunkt arbeiteten die Maler – wenn sie keine Fresken anfertigten – auf Holztafeln und nicht auf Leinwand und verwendeten eine Farbe auf der Grundlage von Eigelb, die man als Temperafarbe bezeichnet. Jan van Eyck (um 1390–1441) war der Gründer der flämischen Malschule und der erste große Meister, der mit Ölfarben malte, die er zuvor mit einem relativ langsam trocknenden Öl vervollkommnet hatte. Dies erleichterte ihm die Farbmischungen und ermöglichte ihm wesentlich präzisere Details als mit den alten Temperafarben. Die nebenstehende Abbildung zeigt die erstaunliche Genauigkeit und Zartheit, die van Eyck mit seinem neuen Malverfahren erreichte.

Mit den alten Temperafarben ließen sich die subtilen Farben nicht wiedergeben, die das Licht auf den Objekten erzeugt. Ölfarben bieten dagegen die Möglichkeit, die Fleischfarben absolut realistisch darzustellen.

Die Oberflächen der Objekte erhalten eine ganz besondere Behandlung. Das Metall, das Glas, die Wolle, das Holz etc. zeigen ihre ureigene Struktur.

Mit dem Auftauchen der Ölfarben kann der Maler alle Nuancen und Schattierungen von Licht und Schatten wiedergeben. Die Farbe wird ohne tonale Brüche abgestuft, und alle Nuancen gehen ineinander über.

Jan van Eyck, Das Ehepaar Arnolfini. *National Gallery, London. Dieses Meisterwerk ist nicht nur eines der ersten in der Öltechnik, sondern der Beweis für eine unvergleichliche technische Virtuosität und malerische Sensibilität.*

DIE VORZÜGE DER ÖLFARBEN

Van Eycks Beispiel wurde von allen Malern der Renaissance übernommen. Selbst die zögerlichsten Künstler mussten zugeben, dass Ölfarben geschmeidiger und haltbarer waren als die traditionellen Medien und alle Maltechniken ermöglichten.

Die alten Arbeitsweisen

Sowohl die Maler mit Temperafarben als auch die ersten Maler mit Ölfarben (die manchmal beide Verfahren in einem Bild kombinierten) arbeiteten äußerst bedächtig und ließen keine Improvisation zu. Sie fertigten zunächst eine vollständige lineare Vorzeichnung an, in die sie alle Details aufnahmen, und kolorierten diese anschließend mit den Grundfarben. Die hellsten Objekte erhielten eine weiße Basis. Die Untermalung erfolgte mit gleichförmigen Tönen. Für die Fleischfarben verwendete man einen grünlichen oder hellgrauen Fond. Diese Methode ergab ein sauberes, klar umrissenes Erscheinungsbild.

Vor dem eigentlichen Kolorieren erhielten die Flächen für die Fleischfarben eine graugrüne Untermalung (Verdaccio genannt), die als neutrale Grundlage diente, auf der man die subtilen Nuancen der Haut durch Transparenz herausarbeiten konnte.

Das Haar wurde direkt auf dem Weiß angelegt. Bei einem Bild wie diesem auf Holz entsprach die weiße Farbe der Grundierung aus Leim und Gips. Die Grundierung verlieh den Farben große Leuchtkraft.

Michelangelo, Die Jungfrau und das Kind mit St. Johannes als Knabe und vier Engeln. *National Gallery, London. An diesem unvollendeten Bild mit Temperafarben erkennen wir das Verfahren, das auch die ersten Ölmaler verwendeten. Das Werk wurde sorgfältig vorgezeichnet, bevor man zu malen begann. Die Kolorierung erfolgte nach klar begrenzten Flächen.*

Die Kleidung wurde auf dem Weiß des Untergrunds angelegt. Auf diese Weise konnte der Künstler die Flächen von Licht und Schatten präzise wiedergeben und sein Werk entsprechend der konkreten Vorzeichnung nach und nach abschatten.

Der Boden wurde auf konventionelle Weise behandelt. Normalerweise malte man Felsen und überzog diese mit leicht nuanciertem Braun, um die Unebenheiten des Geländes anzudeuten. Auf diese Grundlage legte man die Gräser und sonstige Details.

Die Noblesse einer Malweise

Tizian, Tarquinius und Lucretia. *Gemäldegalerie der Akademie der Bildenden Künste, Wien. Ein Meisterwerk aus den späten Lebensjahren des Künstlers, als der Maler die Ölfarben absolut beherrschte und in einem erstaunlich abgekürzten Stil arbeitete.*

Im Laufe der Zeit wandten sich die Maler von der minutiösen Arbeitsweise mit Temperafarben ab und begannen, die neuen expressiven Möglichkeiten der Ölfarben zu erforschen. Ab Mitte des 15. Jahrhunderts malten fast alle großen Meister ihre Werke in Öl, und zwar nicht auf Holz, sondern auf Leinwand. Letztere ist erheblich leichter und ermöglicht große Formate, die zuvor ausschließlich der Wandmalerei vorbehalten waren. Mit Tizian (1487–1576) erreichte die Ölmalerei ihre Reife. Der geniale Künstler malte auf Leinwand, die er zuvor mit Ocker oder Rot grundiert hatte. Er zeichnete ohne Details mit der Spitze des Pinsels und sorgte mit seinen Strichen und Impastos für Vitalität und Ausdruckskraft seiner Darstellung.

Tizians Genialität bei der Handhabung der Ölfarben zeigt sich in der Darstellung des Metallglanzes auf dem Kürass. Dieser Glanz besteht aus einzelnen Farbflecken, die den blassen Ockerton des Untergrunds durchscheinen lassen.

Tizian entdeckte die expressive Kraft des reinen Pinselstrichs: eines Strichs, der sich nicht einer detaillierten Vorzeichnung unterordnet, sondern die Form rasch improvisiert, sodass dicke Farbimpastos und Krümel zurückbleiben.

Die Fleischfarbe besteht nur aus der Farbe des Untergrunds, die mit einer rötlichen oder grünlichen Lasur (transparente Farbschicht) für die Schatten leicht nuancierte wird.

DIE MALERISCHE ARBEITSWEISE

Tizian führte die sogenannte „malerische" Arbeitsweise ein, die sich eher auf die Farbe, den Fleck und den Pinselstrich stützt als auf eine minutiöse Behandlung des Themas. Diese Malweise wurde von allen großen Meistern des Barock übernommen, angefangen von Velazquez über Rubens, Frans Hals bis zu Rembrandt. Sie setzte sich über Goya und die Impressionisten bis zu zahlreichen zeitgenössischen Künstlern fort.

Die Macht und der Ruhm

Während des Barock wurden die Ölfarben praktisch zum exklusiven Medium der Maler und die bevorzugte Technik der europäischen Monarchen und des Hochadels. Rubens arbeitete für die bedeutendsten Königshäuser und drückte sich in einem prachtvollen Stil voller Bewegung und leuchtender Farben aus. Bei dem flämischen Maler ist noch der Einfluss des traditionellen, von van Eyck eingeführten Stils zu erkennen. Doch seine Handhabung der Ölfarben ist überschwänglich und voller schöner Nuancen. Dank der Ölfarben konnte der Maler Licht, Schatten und intensive Töne miteinander verbinden und spektakuläre Kompositionen von manchmal kolossalen Ausmaßen schaffen.

Peter-Paul Rubens, Juno und Argos. *Wallraf-Richartz-Museum, Köln. Rubens malte grandiose barocke Kompositionen auf großformatigen Leinwänden und verwendete dafür die unterschiedlichsten Techniken der Ölmalerei.*

Rubens war ein perfekter Meister der Lasurentechnik. Damit gelang es ihm, die unterschiedlichsten atmosphärischen Augenblicke festzuhalten, angefangen von der Helligkeit des wolkenlosen Mittags bis zur Dunkelheit der nächtlichen Stunden.

Bei den ornamentalen Details griff Rubens zu einem sorgfältigen, sehr dekorativen Stil, der sich auf die Wiedergabe des Glanzes der Seide, des Goldes und des kostbaren Materials stützte. Dafür verwendete er großzügige Farbimpastos.

Das Handwerk des Virtuosen

Ölfarben wurden zum bevorzugten Medium, seit Tizian und seine Nachfolger entdeckten, dass man damit persönlichere Werke schaffen konnte als mit allen anderen Verfahren, und sich eine brillante, ungezwungene Virtuosität erzielen ließ. Das abgebildete Werk von Annibale Carracci (1560–1609) ist Beispiel für eine Malweise, die in Italien die Bezeichnung fa presto erhielt, was in etwa der Primamalerei entspricht. Es handelt sich um einen Stil, in dem der Künstler das Material und dessen Eigenschaften mit energischen Strichen wiedergibt, die wie bei Tizian nicht durch Abschlussretuschen verändert werden. Eine Malerei, die aus der Spontanität des Strichs, der lebhaften Pinselbewegung entsteht. Eine Malerei, die aus der Nähe betrachtet, die Sinnlichkeit und Ausdruckskraft der Ölfarben und des Materials beweist und aus der Ferne absolut realistisch wirkt. Viele Jahre später entdeckten die Impressionisten und Avantgardisten des 20. Jahrhunderts diese Arbeitsweise mit ihren zahlreichen Impastos wieder.

Die Glanzlichter und Reflexe auf der Flasche entstanden aus dicken Pinselstrichen, die das Schwarz des Untergrunds zwischen sich stehen lassen. Die Striche improvisieren die Form. Aus der Ferne betrachtet, nehmen sie einen Sinn an und erhalten die Funktion von Glanzlichtern und Reflexen.

Der Ärmel wurde mit raschen, getrennten Strichen absolut frei gestaltet. Das Schwarz des Untergrunds erhält die Funktion der Schatten in den Falten. In diesem Ausschnitt wurde der Pinsel wie für eine Farbskizze gehandhabt, obwohl der Gesamteindruck dem eines perfekt ausgearbeiteten Bildes entspricht.

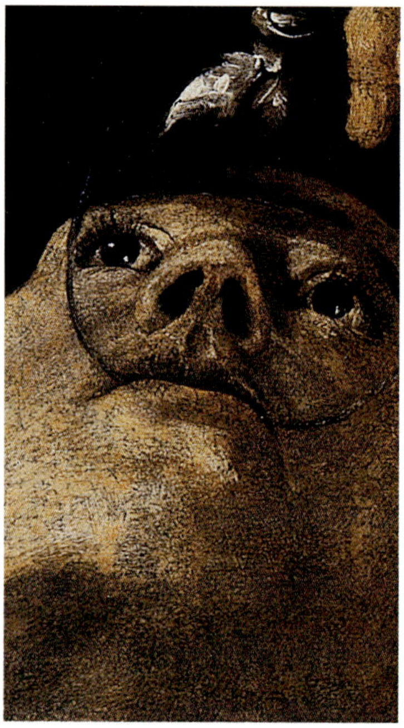

Die Fleischfarben (Farben der Haut) wurden auf einer schwarzen Untermalung mit dicken Pinselstrichen angelegt, die direkt auf der Leinwand gemischt wurden. Trotz der kraftvollen Ausführung haben die Zeichnung und die Gesichtszüge eine besondere Sensibilität erhalten.

Der Hemdkragen entstand aus dicken, parallelen Pinselstrichen mit weißer Farbe. Die Striche verleihen diesem Teil der Kleidung nicht nur ihre Form. Sie deuten aufgrund des durchscheinenden Farbauftrags auch die Eigenschaft des Stoffes an.

Annibale Carracci, Mann, Wein trinkend. *Christ Church Gallery, Oxford, Großbritannien.*

Die Leidenschaft für die Farbe

Auch nach der Pracht des Barock bot die Ölmalerei den Malern noch viele unbekannte Möglichkeiten. Einer der Künstler, der neue Ausdrucksmöglichkeiten des Mediums suchte, war der Romantiker Joseph Mallord William Turner (1775–1851). Turner begann als Aquarellmaler. In seinen Ölgemälden ist ein gewisser Einfluss der Aquarellmalerei zu erkennen: Leuchtkraft aufgrund von Transparenzen, sehr transparente Farbflecken etc. Er verlieh den Ölfarben eine neue Dimension und schuf eine bis dahin unbekannte Leuchtkraft und einen ungeahnten Nuancenreichtum. Mit dem auf dieser Seite abgebildeten Werk erreichte der Maler einen der künstlerischen Höhepunkte seines Schaffens.

Joseph Mallord William Turner, Der Morgen nach der Sintflut. *Tate Gallery, London. Eines der berühmtesten Werke von Turner, mit dem der Künstler seiner Zeit voraus war und den Impressionismus und beinahe schon die abstrakte Kunst des 20. Jahrhunderts ankündigte.*

Um die maximale Leuchtkraft zu erreichen, verwendete der Maler weiße Impastos, die er mit blauen oder gelben Tönen nuancierte, indem er sie mit dem Spachtel „rocken" überlagerte oder als dünne Pinselstriche auf die bereits getrocknete Grundlage trug.

Der Spachtel tritt in Aktion

Vor Turner galt der Spachtel als ein Zubehör, mit dem man die Farbe in den Gefäßen umrührte oder sehr punktuelle Flecken anlegte. Turner verwendete ihn gleichberechtigt mit dem Pinsel. Er verstrich die Farbe damit und mischte sie auf der Leinwand, kratzte und korrigierte und schuf Strukturen, Impastos etc. Das Ergebnis ist mit keinem anderen Medium zu erreichen. Der Spachtel ermöglicht keine detaillierte Malweise, sondern erfordert die Anfertigung des Bildes als Ganzes. Das ist auch die Arbeitsweise zahlreicher zeitgenössischer Künstler.

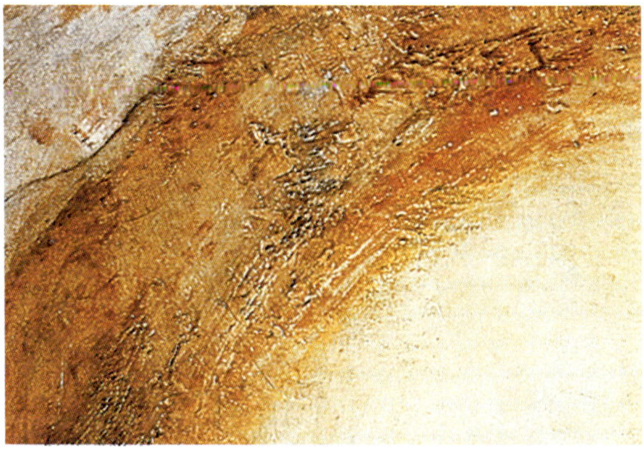

Die Klümpchen und Farbverdickungen entstehen durch die Arbeit mit dem Spachtel. Beim Auftragen bilden sich Furchen und Strukturen, welche die Bildfläche wesentlich interessanter erscheinen lassen.

In diesem Werk sind die Details nur angedeutet und besitzen keine ausgearbeiteten Formen. Die Gestalten entstanden aus Flecken und Strichen derselben Farbe, die die Untermalung durchscheinen lassen, um der einheitlichen Atmosphäre nicht zu schaden.

Turner überlagerte mehrere Schichten aus ziemlich verdünnter Farbe. Auf diese Weise erzeugte er farbige Schleier, die das Licht, den Glanz des Wassers und die typischen romantischen Eigenschaften der Landschaft suggerieren.

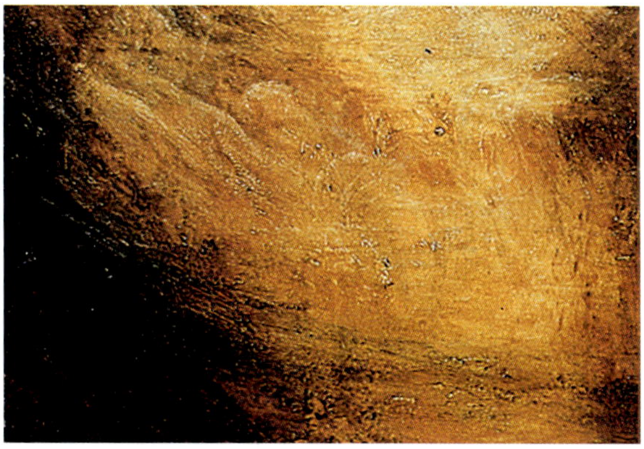

DIE WIRKUNG VON LICHT UND FARBE
Turner ist der erste Künstler, der Ölfarben aus rein atmosphärischen Gründen verwendet. Dank dieses Mediums spielt die Form bei ihm erst die zweite Rolle und überlässt den Transparenzen, der Struktur und der Leuchtkraft den Vorrang. Ölfarben erlauben unzählige technische Möglichkeiten. Turner gelangen einige der kühnsten.

Ein neuer Realismus

Nach der Französischen Revolution arbeiteten die Künstler nicht mehr für König oder Papst, sondern für das aufkommende Bürgertum. Dieses verlangte Realismus und Wahrhaftigkeit der Darstellung. Die Maler wechselten zu einem minutiösen Stil, in dem die Zeichnung wieder die Verteilung der Farben ordnete. Die Nuancen wurden subtil und sehr feinsinnig. Klassizistische Maler wie J.L. David (1748–1825), von dem wir hier ein Porträt abbilden, handhabten die Ölfarben außerordentlich zart und achteten besonders auf die Kontraste zwischen den Strukturen der einzelnen Elemente. Diese Arbeitsweise wird heute noch von vielen Porträtisten akzeptiert.

DIE PASTELLFARBEN
Pastellfarben waren die bevorzugte Skala der klassizistischen Maler und der meisten Porträtisten des 19. Jahrhunderts. Die Farben fanden seit Ende des 17. Jahrhunderts immer mehr Anhänger unter den Malern. Es handelt sich um sehr harmonische Töne, die dramatische Kontraste sowie die brüske Wirkung des Helldunkel vermeiden.

Jacques-Louis David, Porträt der Ana-Maria-Luisa Thélusson, Gräfin von Sorcy. *Alte Pinakothek, München. Ein Werk mit rigoroser Zeichnung und sorgfältigem Einsatz der Farben, die weder Impastos noch Struktureffekte aufweisen.*

Um die Aufmerksamkeit des Betrachters ausschließlich auf die Gestalt zu lenken, wurde der Hintergrund unter Reiben des Pinsels angelegt, sodass eine Abstufung von dunkel nach hell entstand. Die Farbe ist neutral und weist keine starken Kontraste auf.

Die Schattierung der Falten ist abgeschwächt, um keine brüsken Helldunkeleffekte entstehen zu lassen. Auf diese Weise behält die gesamte Gestalt ihre helle Farbgebung, die von Weiß über das Elfenbein der Haut bis zu Blassgelb reicht.

HARMONISIERUNG MIT WENIGEN FARBEN
Die Harmonie eines Bildes ist stärker und geschlossener, wenn sich die Farben, die dafür verwendet werden, auf wenige Töne beschränken. Die klassizistischen Künstler arbeiteten immer mit einer reduzierten Farbskala.

William Holman Hunt, Die Ritter von Verona *(Ausschnitt). City Museum and Art Gallery, Birmingham, Großbritannien. Literarische Themen gehörten zu den Konstanten der Historienmalerei. Dieses Werk beweist eine außerordentliche technische Virtuosität, die in der Darstellung der unterschiedlichen Materialien: Kleidung, Metall, Pflanzen etc. zum Ausdruck kommt.*

Die Historienmalerei

Das bevorzugte Genre der realistischen Meister des 19. Jahrhunderts ist die Historienmalerei. Es handelt sich um Darstellungen aus Legenden, Szenen aus der Literatur, der Mythologie oder der Vorstellungskraft des Künstlers, angereichert mit Gestalten und unterschiedlichsten Objekten. Dieses Bildgenre galt als das Edelste überhaupt. Dank der Entwicklung der chemischen Industrie, welche die Maler mit zahlreichen neuen Farben versorgte, gelangen Künstlern wie Holman Hunt (1827–1910), von dem das auf dieser Seite abgebildete Werk stammt, außergewöhnliche, nie zuvor gesehene Kolorationen. Obwohl einige der neuen Farben später verheerende Auswirkungen auf die Werke hatten (Schwärzen, Ablösen, Risse etc.), haben Bilder wie dieses bis heute ihre fantastische Farbgebung behalten.

Hunt verwendete eine ganz besondere Technik. Er malte auf einer noch feuchten farbigen Grundlage, die er abschnittweise anlegte. Alle sich überlagernden Töne verschmelzen teilweise und erzeugen eine äußerst realistische Wirkung, wie an der Darstellung dieses Samtstoffes zu erkennen.

Die Farben wurden mit kurzen Strichen eines nicht zu dicken Pinsels angelegt. So entstehen nuancierte Farbflächen, die niemals völlig gleichförmig sind.

Die Vorliebe für Details ist charakteristisch für die Historienmalerei. Hier hat der Künstler die gefallenen Blätter, die Pilze und die winzigen Grashalme bis in die geringsten Einzelheiten sorgfältig dargestellt.

Diese Stickereien und Spitzen sind ein Renommierstück an Virtuosität und Liebe zum Detail. Hier hat der Künstler mit dünnen Pinseln aus weichem Haar gearbeitet, mit denen er die Striche zart verschmelzen und die Formen bis ins letzte Detail anlegen konnte.

Dank der Vielseitigkeit der Ölfarben gelingt zahlreichen Malern eine außergewöhnlich realistische Darstellung der Reflexe auf poliertem Metall. In diesem Sinn ist Hunt einer der Vorläufer des Hyperrealismus des 20. Jahrhunderts.

Der Impressionismus: Neue Wege für die Ölmalerei

Der Impressionismus bedeutete eine Hinwendung zur Natur, zur Landschaft, zur Atmosphäre und dem Licht. Vor allem bedeutete er jedoch eine neue Auffassung der Ölmalerei. Die Impressionisten strebten keine exakte Wiedergabe der realen Objekte an, sondern schufen eine Vision des Themas zu einem bestimmten Augenblick des Tages. Daher erhielt der Pinselstrich absoluten Vorrang. Es handelte sich um dicke Pinselstriche mit viel Farbe, die sichtbare Spuren auf der Leinwand hinterließen. Die Künstler mieden Abstufungen und Verschmelzungen, da diese die Farbkraft des Bildes beeinträchtigten. Stattdessen bauten sie ihr Bild aus Strichen auf, die sie wie Mosaiksteinchen zusammensetzten. Das hier abgebildete Werk zeigt ein Extrem dieser Malweise: Georges Seurat (1859–1891) malte mit kleinen Flecken aus reiner Farbe, die aus einem gewissen Abstand betrachtet wie gleichförmige Flächen wirken. Diese Technik wurde als „Pointillismus" bekannt. Sie bildete die Grundlage für zahlreiche Experimente der avantgardistischen Kunst.

OPTISCHE MISCHUNG
Farben mischt man gewöhnlich auf der Palette oder der Leinwand. Es gibt jedoch eine dritte Möglichkeit. Man kann Blau, das in der Mischung mit Gelb Grün ergibt, als kleine Flecken neben gelbe Flecken legen. Aus der Ferne betrachtet, ergeben diese Farbtupfer den Eindruck von Grün, da das Auge sie „mischt" und nicht einzeln unterscheiden kann. Diese aufwändige, methodisch optische Mischung nutzte Seurat für alle seine Werke.

Dies könnte die Vergrößerung eines Ausschnitts aus Seurats Werk sein. Die Wirkung ähnelt einem stark aufgerasterten gedruckten Bild. Aus der Ferne betrachtet, erzeugen die kleinen Punkte unterschiedliche Farben.

Georges Seurat, Ein Sonntagnachmittag in der Grand Jatte *(Ausschnitt). Art Institute of Chicago, USA. Alle Nuancen dieses Werkes entstehen aus der Ansammlung winziger reiner Farbflecken. Die Verteilung und die Dichte der einzelnen Flecken bestimmen die Farbwirkung aus der Ferne.*

Kleiner Materialüberblick

Von den täglich neu erscheinenden Materialien zum Malen mit Ölfarben sind einige verbesserte Ausführungen des traditionellen Materials. Andere sind Neuheiten, die ihre Nützlichkeit noch beweisen müssen. Wir zeigen Ihnen hier eine methodische Auswahl.

Das Material zum Malen mit Ölfarben ist sehr vielfältig. Die Farben erfordern spezielle Verdünner, Malgründe und Pinsel, die bestimmte Merkmale aufweisen müssen, um geeignet zu sein. Der größte Teil der in diesem Kapitel genannten Utensilien ist zum Malen erforderlich. Natürlich hindert uns nichts, mit zwei Farben auf einem Stück Papier zu malen und dafür einen beliebigen Borstpinsel zu verwenden. Das Ergebnis wird jedoch anders ausfallen, als wenn wir das adäquate Material benutzen. Das Kapitel beginnt mit einem interessanten Abriss über das in den unterschiedlichen Epochen der Kunstgeschichte verwendete Material, das bis heute praktisch gleich geblieben ist. Mit unserer Zusammenfassung über Farben, Pinsel, Paletten, Leinwände, Verdünner und weitere Utensilien wollen wir keinen Überblick über das gesamte derzeitige Angebot im Handel liefern, das gewaltig ist und täglich größer wird. Wir möchten Ihnen vielmehr eine Orientierung dafür geben, welches Material unabdingbar ist, was ratsam ist und worauf man verzichten kann. Kein Maler verwendet alle Varianten und Hilfsmittel, die der Handel anbietet, zumal die Vervollkommnung der Produkte eine ausgedehnte Probezeit erfordert. Wir werden uns daher auf die traditionellen Utensilien beschränken und einige Neuheiten mit aufnehmen, die sich als besonders nützlich erwiesen haben, damit Sie sich ans Werk machen können und wissen, dass Sie alles Nötige beisammen haben, was für die Ölmalerei erforderlich ist.

◆

Wir erklären Ihnen, welches Material absolut erforderlich ist, welches ratsam ist und worauf man verzichten kann.

◆

Für die Arbeit mit Ölfarben benötigt man spezielle Utensilien. Nur damit lässt sich das Maximum aus diesem Medium herausholen.

Womit man vor 500 Jahren malte

Seit der Entwicklung der Ölfarben arbeiten die Maler mit Material, das bis heute sehr ähnlich geblieben ist. Die Abbildung auf dieser Seite zeigt das Atelier eines Malers vom Anfang des 16. Jahrhunderts. Die Gestalt ist niemand anders als der heilige Lukas, der Schutzpatron der Maler. Er ist dargestellt wie ein Meister seiner Zeit. Er malt auf einer Holztafel und hat eine kleine Palette, auf der sich einige Farben befinden. Die Hand, mit der er malt, stützt er auf einen Stab (Malstock genannt), um auch bei Details jede Bewegung kontrollieren zu können. Auf einem Tisch zu seiner Linken sehen wir eine Reihe von Pinseln unterschiedlicher Größe, einen Spachtel sowie einige Gefäße mit Farbe. Rechts im Bild bereitet ein Lehrling die Farben für den Meister zu. So sah es in allen Malerateliers der Renaissance aus (die gleiche Einrichtung, wenn auch nicht immer so luxuriös). Die Maler beschäftigten Lehrlinge, welche die Farbpigmente mahlten und mit Öl verrührten. Die Ausstattung des Malers unterschied sich kaum von der unserer Tage.

Niklaus Manuel Deutsch, Der heilige Lukas, die Jungfrau malend. *Kunstmuseum Bern, Schweiz.*

DER MALSTOCK

Der Malstock besteht aus einem Holzstab mit einer Kugel an einem Ende (manchmal mit Stoff bespannt). Man verwendet ihn, um beim Anlegen minutiöser Details eine ruhige Hand zu haben. Dazu stützt man ihn auf den Rand der Leinwand, sodass die Hand in Höhe der zu malenden Stelle liegen kann. Ist die Kugel mit Stoff umwickelt, kann man den Stab auch direkt auf das Bild stützen. Das gilt vor allem für Arbeiten an großen Formaten. Während er früher häufig verwendet wurde, ist der Malstock heutzutage ziemlich aus der Mode gekommen.

Womit man vor 300 Jahren malte

Vom Barock bis zum Beginn des 19. Jahrhunderts entsprach das Werkzeug des Ölmalers dem in diesem Bild gezeigten Material. Der Künstler hält eine ovale Palette von genau demselben Typ in der Hand, die man heutzutage verwendet. Darauf sind die Farben so verteilt, wie es viele zeitgenössische Maler tun. Auch die Art, gleichzeitig die Palette und die Pinsel zu halten, ist noch heute gebräuchlich. Dieser Maler hält außerdem einen Malstock in der linken Hand, während er mit der Rechten mit einem Spachtel Farbe aus einem Gefäß nimmt. Auf dem Arbeitstisch sieht man mehrere Gefäße mit Ölfarben. Die Leinwand stellt ein Kuriosum dar. Sie ist so auf die Staffelei gespannt, wie man ein Fell trocknet. Nachdem das Bild fertig ist, wird der Künstler die Leinwand abnehmen und auf einen normalen Rahmen montieren, der unserem modernen Holzrahmen vermutlich sehr ähnlich ist.

Aert de Gelder, Selbstporträt als Zeuxis *(Ausschnitt).*
Städelsches Kunstinstitut, Frankfurt/Main.

Womit wir heute malen

Die Mode hat sich geändert. Auch die Möbel und die Wohnräume sind anders geworden. Für einen Künstler ist jedoch seit 500 Jahren das Wesentliche gleich geblieben. Auch heutzutage muß ein Maleratelier eine Staffelei, einen Hocker und einen Beistelltisch enthalten, auf dem man die Tuben, die Lappen und die Verdünner ablegen kann. Man kauft die Leinwand fertig auf Keilrahmen montiert und benötigt keine Hilfskraft, die einem die Farben zubereitet. Hinzu kommt etwas, das früher unbekannt war: elektrisches Licht. Das Basismaterial hat sich jedoch nicht verändert. Auch heute verwenden wir eine Palette, diverse Pinsel, Spachtel und, wenn es uns gefällt, einen Malstock.

So könnte das Atelier eines Ölmalers unserer Zeit aussehen.

Woraus die Ölfarben bestehen

Ölfarben setzen sich aus Pigmenten und Öl zusammen. Die Pigmente sind jene Substanzen, die allen Malmedien Farbe verleihen: Aquarellfarben, Pastellfarben, Acrylfarben, Ölfarben etc. Sie bestehen aus mineralischem, pflanzlichem oder synthetischem Material, das pulverförmig gemahlen wird. Zu diesen Substanzen fügt man Öl und Bindemittel, bis jene Konsistenz erreicht ist, die wir von den Ölfarben kennen. Das Öl kann unterschiedlicher Herkunft sein (Mohn-, Nussöl etc.). Gewöhnlich verwendet man jedoch Leinöl oder eine Mischung, in der dieses überwiegt. Die Qualität der Pigmente, ihre Konzentration und das entsprechende Bindemittel mit dem Öl bilden die Grundlage für die Qualität der Ölfarben.

Der wichtigste Bestandteil der Ölfarben sind die Pigmente. Sie können natürlicher (Erden, Mineralien etc.) oder synthetischer Herkunft sein. Zur Herstellung der Farben müssen sie äußerst fein gemahlen werden.

Eigene Herstellung der Farben

Obwohl nur wenige Maler ihre Farben selbst herstellen, ist es interessant, die handwerkliche Anfertigung der Ölfarben kennen zu lernen. Man benötigt eine absolut glatte Arbeitsfläche (Marmor oder Glas), auf die man die Pigmente schüttet. Anschließend gibt man eine geringe Menge Öl hinzu und beginnt, die Masse mit Hilfe eines Porzellan- oder Glasmörsers mit kreisförmigen Bewegungen unter gleichmäßigem Druck zu mischen. Es empfiehlt sich, nicht zu viel Öl auf einmal zu nehmen, damit dieses sich beim Abfüllen nicht absetzt. Die Farbe muss eine dichte, homogene Konsistenz erhalten und darf keine sichtbaren Partikel an der Oberfläche aufweisen.

1

1 Man schüttet eine gewisse Menge pulverförmige Pigmente auf eine glatte Arbeitsfläche aus Marmor oder Glas.

2

2 Anschließend gibt man eine kleine Menge Leinöl zu den Pigmenten und mischt beides mit einem Mörser mit breiter Grundfläche. Falls die Masse nicht gut bindet, fügt man nach einer Weile noch etwas Leinöl hinzu.

3

3 Wenn ein dicker Brei entstanden ist, bearbeitet man die Masse weiter. Diese wird nach und nach geschmeidiger. Das Verfahren ist beendet, sobald die richtige Konsistenz erreicht ist und alle Pigmente vollständig gebunden sind.

Handwerklich hergestellte Ölfarben weisen häufig einen Ölüberschuss auf. Im Idealfall lässt man die absolut homogene Masse ein halbes Jahr ruhen, damit das Öl an die Oberfläche steigt und anschließend entfernt werden kann.

Die Qualität der Farben

Ölfarben von höchster Qualität sind sehr teuer. Das ist verständlich, da man für ihre Herstellung nur die besten Pigmente (von denen einige sehr teuer sind) und das feinste Öl benötigt. Der Farbbrei muss mindestens sechs Monate ruhen, damit er sich setzt und der Ölüberschuss abgegossen werden kann. Mit Ausnahme einiger Hersteller sehr spezieller Marken kann sich kein Fabrikant diesen Luxus leisten, wenn er die Farben zu einem annehmbaren Preis anbieten will. In der Praxis reichen Farben mittlerer Qualität für den Profi und den Hobbymaler völlig aus. Manchmal tritt beim Öffnen der Tuben etwas Öl aus. Dann genügt es, den Farbbrei zwei oder drei Tage auf Zeitungspapier ruhen zu lassen, um den Ölüberschuss zu entfernen.

WESHALB WIEGEN EINIGE ÖLFARBTUBEN MEHR ALS ANDERE DERSELBEN GRÖSSE?

Sie haben es vielleicht schon bemerkt: Zwei gleich große Tuben mit unterschiedlichen Farben können sich erheblich im Gewicht unterscheiden. Das ist normal und liegt daran, dass einige Pigmente die Mischung mit Öl früher sättigen als andere. Anders ausgedrückt: Für dieselbe Menge Öl benötigt man von einigen Pigmenten mehr als von anderen. Natürlich sind die Tuben mit höheren Konzentrationen auch teurer.

Die industrielle Herstellung der Ölfarben erfolgt mit großen Maschinen, in denen man die Mengen genau dosieren und so lange mischen kann, bis die Farbe absolut homogen ist. (Foto mit freundlicher Genehmigung von Talens.)

DIE ALTEN GEFÄSSE

Ölfarben wurden nicht immer in Tuben abgefüllt. Entfernte Vorläufer der modernen Tuben waren Lederbeutel, aus denen man den Farbbrei durch Druck aus einem kleinen Loch entnahm. Dieses Loch wurde mit einem Nagel verschlossen. Im 19. Jahrhundert probierte man neue Methoden aus: Die Behälter ähnelten einer Spritze, einem Kolben oder einer Bleitube, die mit einem Schlüssel eingestochen wurde. Schließlich entwickelte die Firma Winsor & Newton Mitte des 19. Jahrhunderts eine Zinntube mit Schraubverschluss. Diese beeinflusste die Arbeitsweise der Maler erheblich, die jetzt im Freien malen konnten, ohne unter den Nachteilen der früheren Systeme zu leiden.

Die Ausrüstung des Malers

Im Folgenden zeigen wir Ihnen die Grundausrüstung für jeden Maler. Es fehlt nichts außer der Leinwand, die im mittleren und großen Format nicht in einen Malkasten passt. Es ist ein Vorteil, wenn man sein gesamtes Material in einem ziemlich kleinen, leichten Kasten unterbringen kann. Der Handel führt Malkästen von unterschiedlicher Qualität. Manche enthalten zusätzliche kleine Fächer, bestehen aus edlen Hölzern und sind sorgfältig lackiert und hervorragend verarbeitet. Sie können ein fabelhaftes Weihnachtsgeschenk sein, sind im Ernstfall allerdings nicht absolut erforderlich. Man kann sowohl leere Kästen erwerben, in denen man ein Materialsortiment eigener Wahl unterbringt, als auch komplett gefüllte Exemplare. Vermeiden Sie zu kleine Kästen. Sie sehen zwar sehr handlich aus, nützen aber wenig, da bereits in kurzer Zeit nichts mehr hineingeht. Ein guter Malkasten muss mittelgroß oder groß sein, solide und nicht zu stark unterteilt: Es reicht ein Fach für die Pinsel, ein weiteres für die Farben und ein drittes für Verdünner, Zeichenkohle, Bleistifte, große Tuben etc.

DAS RICHTIGE MATERIAL
Lassen Sie sich nicht von dem gewaltigen Angebot blenden, das Sie im Handel finden, und packen Sie vor allem nicht alles in Ihren Malkasten. Je weniger der Kasten enthält, desto besser. Nichts ist lästiger, als ständig Tuben, Pinsel und Gefäße auf der Suche nach einer bestimmten Farbe umzuräumen. Alles muss gut sichtbar und in Reichweite sein.

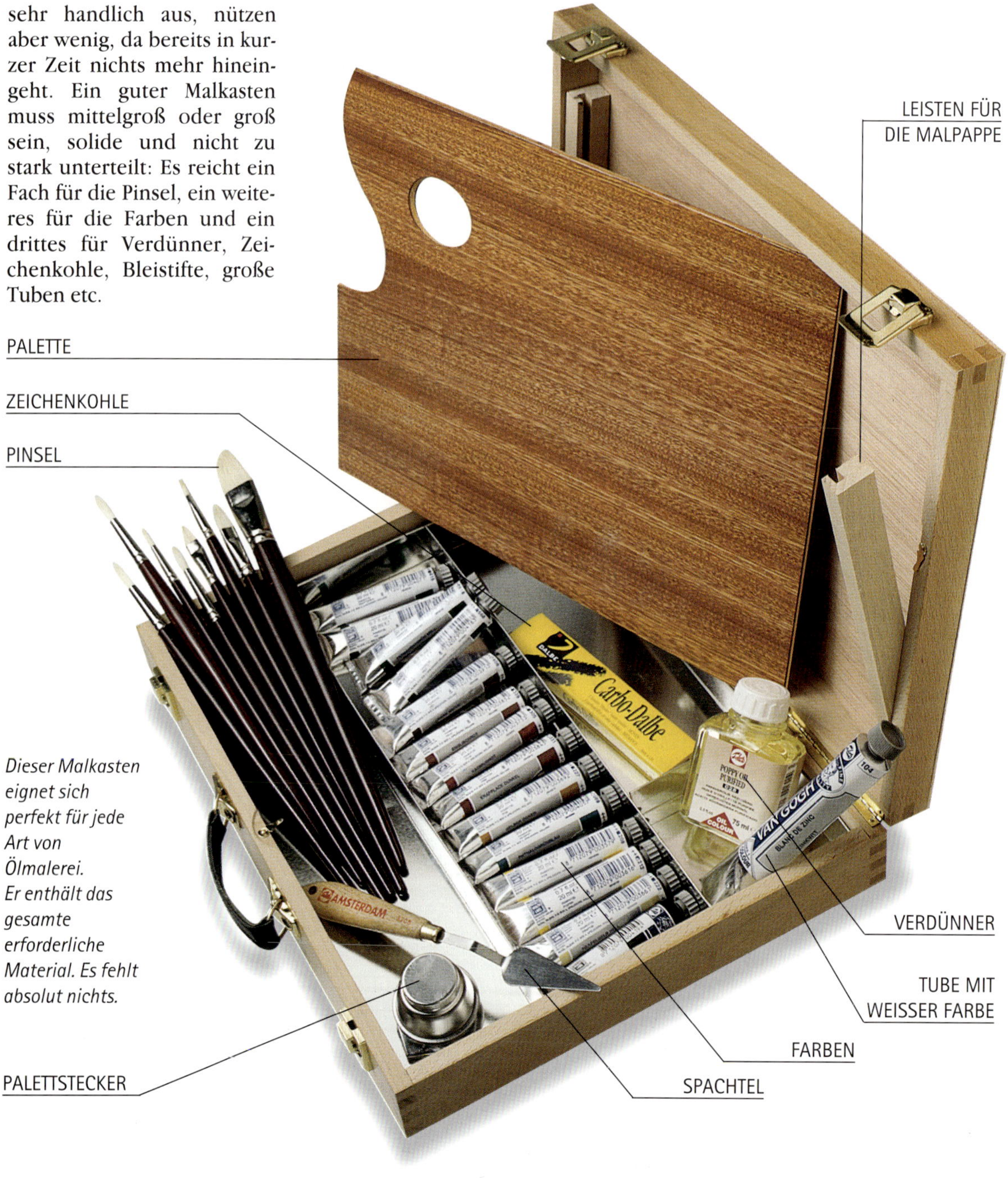

Dieser Malkasten eignet sich perfekt für jede Art von Ölmalerei. Er enthält das gesamte erforderliche Material. Es fehlt absolut nichts.

Malpappen unterschiedlicher Größe

Die Palette

Meiden Sie kleine Paletten. Sie sind nur für ganz bestimmte Werke geeignet. Auch wenn die Palette nicht größer als der Malkasten sein darf, wählen Sie ein mittleres oder großes Format. Prüfen Sie, ob die Palette gut lackiert ist und ob sie bequem in Ihrer Hand liegt.

Zeichenkohle

Die meisten Maler beginnen ihre Bilder mit einer Kohlezeichnung. Man benötigt daher unbedingt einen Kasten mit Zeichenkohle, die nicht zu weich sein darf, da sie sonst zu leicht brechen würde. Die Kohle kann durch gewöhnliche Bleistifte, Drehbleistifte oder Kohlestifte ersetzt oder ergänzt werden.

Pinsel

Die Auswahl der Pinsel muss äußerst sorgfältig erfolgen. Deshalb sei hier nichts weiteres darüber gesagt. Auf den folgenden Seiten werden wir Ihnen zeigen, welche Pinsel am geeignetsten sind.

Palettstecker

Dies sind kleine Gefäße, die mit einer Klemme an der Palette befestigt werden und der Aufnahme der Verdünner dienen. Sie sind nicht absolut erforderlich. Man arbeitet jedoch bequemer mit ihnen als mit den Flaschen, die auf einem Tisch oder einer anderen Unterlage abgestellt werden müssen.

Leisten für die Malpappe

Es handelt sich um zwei bewegliche Leisten mit waagerechten Fugen, in die sich die oben abgebildete Malpappe bei der Anfertigung von Farbskizzen nach der Natur oder kleinformatigen Bildern schieben lässt. Dadurch verwandelt sich der Malkasten in eine echte Miniatur-Staffelei.

Verdünner

Der übliche Verdünner für Ölfarben ist gewöhnliches oder rektifiziertes Terpentin. Einige Profis verwenden auch eine Mischung aus Öl und Verdünner oder ein Spezialprodukt wie unten abgebildet. In jedem Fall muss genügend Platz im Malkasten sein, um mindestens eine Flasche davon aufzunehmen.

Tube mit weißer Farbe

Die Maler verwenden in der Regel erheblich mehr Weiß als jede andere Farbe. Deshalb sollte man eine große Tube davon haben. Je nach Vorliebe des Künstlers kann man weitere große Tuben jener Farben hinzufügen, zu denen man besonders häufig greift.

Farben

Prüfen Sie beim Kauf eines Malkastens, ob der Platz für Ihr bevorzugtes Farbensortiment ausreicht. Die Anzahl der verwendeten Farben schwankt gewöhnlich zwischen 10 und 15 Tönen. Denken Sie auch an die Größe der Tuben und ob Sie unterschiedliche Mengen benötigen.

Spachtel

Spachtel können fest oder flexibel und kurz oder lang sein. Sie können die Form eines Messers oder einer Maurerkelle haben. Jeder erfüllt seinen eigenen Zweck. Am besten wählt man einen langen, flexiblen Spachtel von der Form einer Maurerkelle, der für fast alle Zwecke geeignet ist.

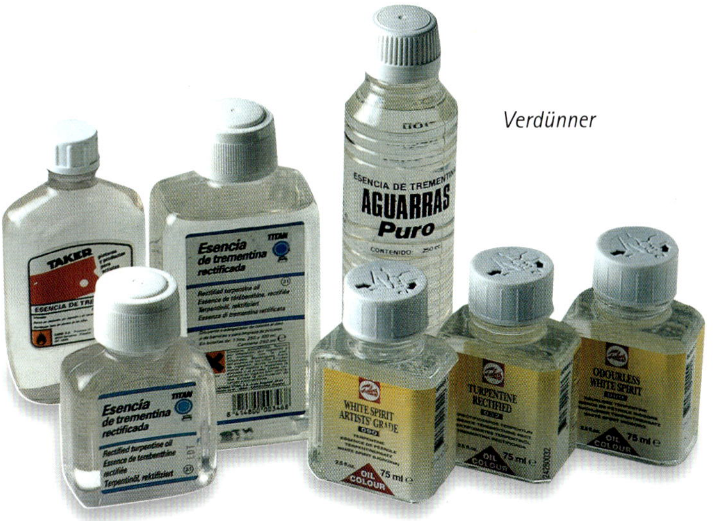

Verdünner

Die Farben

Normalerweise werden die Ölfarben in Tuben von drei Größen angeboten: 20 ml, 60 ml und 200 ml. Am günstigsten ist ein Sortiment mittlerer Tuben (60 ml). Eine Ausnahme bilden das bereits erwähnte Weiß und einige weitere Farben, die wir besonders viel verwenden und daher als große Tuben (200 ml) benötigen. Die meisten bedeutenden Hersteller (Blockx, Lefranc, Schmincke, Talens, Titan, Winsor & Newton etc.) bieten unterschiedliche Qualitäten an und versehen ihre preiswerteren Erzeugnisse mit anderen Nummern. Die Bezeichnung „extrafein" ist der höchsten Qualitätsstufe vorbehalten. Diese Farben sind jedoch wirklich teuer. Am besten ist es, man kauft Farben mittlerer Qualität eines Markenfabrikanten. Von sehr preiswerten Tuben ist abzuraten, da sie unterhalb des erforderlichen Qualitätsminimums liegen.

DIE GRÖSSE DER TUBEN
Normalerweise reicht für die meisten Farben eine kleine oder mittlere Tube aus. Für gewisse Farben – wie das Weiß – die man mehr als andere verwendet, empfehlen sich jedoch die großen Tuben. Mit zunehmender Praxis werden Sie erkennen, welche Farben Sie neben Weiß häufiger verwenden, und selber feststellen, welche Größe für Sie ratsam ist.

Diese Abbildung zeigt Tubenfarben in allen typischen Größen. Die kleinsten Tuben sind nicht sehr praktisch, da sie rasch aufgebraucht sind. Besser ist es, mittlere Größen zu wählen sowie eine große Tube für Weiß.

Spezialfarben

Die Farbenindustrie bietet täglich neue Töne an. Kunstmaler kennen besonders die Alkyd-Ölfarben, die rasch trocknen und ebenso zu handhaben sind wie die traditionellen Ölfarben. Die letzte Neuheit sind wasserlösliche Ölfarben, die noch schneller trocknen als Alkydfarben. Eine interessante Entwicklung, die ihre Haltbarkeit über die Jahre und ihre Akzeptanz seitens der Künstler noch beweisen muss.

Tuben mit Alkyd-Ölfarben, die rasch trocknen.

Wasserlösliche Ölfarben, eine Neuentwicklung der chemischen Industrie, deren Bewährung als Alternative für die traditionellen Ölfarben noch aussteht.

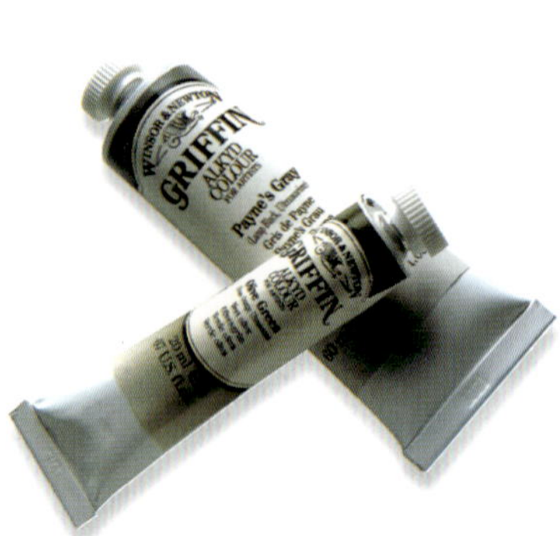

169 Gelb zitron - M★★ ◪	042 Marineblau - M★★ □
153 Echtgelb - M★★ ◪	604 Violettblau - M★★★ □
198 Gelb mittel - M★★ ◪	590 Gelbgrün - M★★ ◪
194 Saharagelb - M★★ ◪	556 Hellgrün - M★★ ◪
301 Fleischfarbe - M★★★ ■	561 Mittelgrün - M★★ ■
201 Orange - M★ ◪	531 Dunkelgrün - M★★ ◪
393 Zinnoberrot - M★★ ◪	542 Chromoxidgrün - M★★★ ◪
396 Leuchtend Rot - M★★ ◪	311 Grünocker - M★★★ ■
437 Echtrot - M★★ □	310 Lichter Ocker - M★★★ ■
327 Karmin - M★★ □	302 Gelbocker - M★★★ ■
440 Permanentrosa - M★★★ ◪	306 Rotocker - M★★★ ■
441 Magenta mittel - M★★ ◪	482 Siena natur - M★★★ ■
618 Rotviolett - M★★★ ◪	481 Siena gebrannt - M★★★ ■
063 Echtblau - M★★★ □	477 Umbra gebrannt - M★★★ ◪
048 Saphirblau - M★★★ □	269 Elfenbeinschwarz - M★★★ ■
064 Kobaltblau - M★★ ■	271 Rauchschwarz - M★★★ ■
095 Phtaloblau - M★★★ □	013 Titanweiß - M★★★ ■
043 Ultramarinblau - M★★★ ◪	

Farbkarte für Ölfarben mit Angabe ihrer Eigenschaften

★★★ gute Lichtechtheit und Ausziehbarkeit
★★ befriedigende Lichtechtheit
★ ausreichende Lichtechtheit als reine Farbe
□ lasierend
■ deckend
◪ halbdeckend, halbtransparent
M Farben mit stabiler Mischung

Farbensortiment

Jede Firma stellt ihr eigenes Farbensortiment her und bietet es wohlgeordnet auf ihrer Farbkarte an. Alle Künstlerbedarfsgeschäfte haben solche Karten und legen sie ihren Kunden bei Bedarf vor. Die Anzahl der unterschiedlichen Farben variiert von Hersteller zu Hersteller zwischen 35 und 150 Nuancen. Innerhalb dieser Vielfalt finden wir einige namentliche Übereinstimmungen (wenn die Farben nach ihren Pigmenten benannt worden sind), allerdings nicht viel mehr als 20. Die restlichen Bezeichnungen sind Schöpfungen der jeweiligen Hersteller, sodass es beinahe unmöglich ist, zu erraten, welche Farbe sich hinter Namen wie „Saphirblau" oder „Wassergrün" verbirgt. Alle Hersteller sind jedoch verpflichtet, eine standardisierte Ziffer anzugeben, aus der präzise hervorgeht, welche Art von Pigmenten die Tube enthält. Durch Konsultation einer Spezialtabelle kann man daher die tatsächliche Natur jeder Farbe ermitteln. Abgesehen davon, enthält jede Tube einige Symbole, die über die Lichtechtheit, die Haltbarkeit und die Stabilität der jeweiligen Nuance informieren.

Ölmalstäbchen

Wir müssen noch eine besondere Form der Ölfarben erwähnen: die Ölmalstäbchen. Dabei handelt es sich um eine Art dicke Ölpastellkreiden oder Stifte, die wie Zeichenkohle gehandhabt werden. Sie werden direkt auf dem Malgrund gemischt und können mit Balsamterpentin aufgelöst werden. Man verwendet sie vor allem für Wandgemälde oder großformatige Bilder mit relativ reduzierter Farbskala.

Ölfarben als Stäbchen sind eine relativ neue Variante im Handel.

Beispiele für ovale und eckige Paletten.

Die Palette und ihre Farben

Unter einer Palette versteht man nicht nur das Brett, auf dem der Maler seine Farben mischt, sondern auch das Farbensortiment, mit dem er gewöhnlich arbeitet. Man trifft höchst selten zwei Künstler, die mit genau denselben Farben malen. Eines der wesentlichen Merkmale der Ölmalerei ist die Vielfalt ihrer Mischungen. Mit wenigen Farben kann man eine große Anzahl unterschiedlicher Töne erreichen. Jeder Maler beherrscht jedoch nur eine begrenzte Anzahl. Eine Palette aus 30 oder 40 Farben wäre aufgrund ihrer unendlichen Möglichkeiten beinahe nicht zu handhaben. Der Maler muss seine Palette daher auswählen: zunächst die aus Holz und anschließend jene Töne, aus denen seine Farbskala bestehen soll.

Paletten für jeden Geschmack

Paletten bestehen aus Holz oder Kunststoff und können eckig oder oval sein. Ihre Größe variiert zwischen 25 cm und 80 cm Länge und geht bis zu 50 cm Breite bei großen Formaten. Wie bereits auf den vorigen Seiten erwähnt, darf die Palette weder zu groß noch zu klein sein. Am angenehmsten sind die aus Holz (lackiertes Holz, kein unbearbeitetes), welches das edelste Material ist und mit zunehmendem Gebrauch eine schöne Patina erhält. Abgesehen davon, kann man durchaus auch Kunststoffpaletten verwenden. Die Form ist ebenfalls gleichgültig. Allerdings sei darauf hingewiesen, dass eckige Paletten den Platz im Malkasten besser ausnutzen und mehr Fläche zum Mischen bieten als die ovalen.

PAPIERPALETTEN

Es gibt eine ganze Reihe von Papierpaletten. Sie bestehen aus einem gestanzten Block, dessen Blätter gewachst sind, damit sie das Öl nicht aufsaugen, und können abgelöst werden. Wenn das obere Blatt völlig mit Mischungen bedeckt ist, reißt man es ab und arbeitet mit dem nächsten weiter. Diese Palette eignet sich vor allem für schnelles Arbeiten im Freien.

Verteilung der Farben auf der Palette

Die Reihenfolge der Farben spielt eine wichtige Rolle, da eine ungeordnete Verteilung das Mischen erschwert. Wir müssen uns eine bestimmte Anordnung angewöhnen und sie immer beibehalten. Normalerweise ordnet man die Farben von hell nach dunkel (oder umgekehrt) und trennt die kalten Töne (Blau und Grün) von den warmen (Rot, Erdfarben und Gelb). Das Weiß kann sich an einem Ende oder als Punkt zwischen den warmen und den kalten Farben befinden.

Man kann die Farben von hell nach dunkel ordnen und das Weiß ans Ende legen oder sie in warme und kalte Nuancen unterteilen und das Weiß zwischen die beiden Gruppen geben.

Die Benutzung der Palette

Nachdem man sich für eine Anordnung der Farben entschieden hat, sollte man diese immer beibehalten. Nach Abschluss der Arbeit muss die Palette sorgfältig gereinigt werden (siehe dazu Seiten 40/41 über die Reinigung und die Aufbewahrung des Materials). Interessanterweise säubern zahlreiche Künstler jedoch nur den mittleren Teil und lassen die Farben ringsum stehen. Das bedeutet eine Einsparung, da man alles, was nicht verbraucht ist, bei der nächsten Sitzung verwenden kann. Die Ansammlung der Farben führt dazu, dass sich die Palette mit der Zeit selber in ein Bild verwandelt. Eine andere Einsparung besteht darin, den Farbbrei aufzubewahren, den man bei der Säuberung entfernt hat. Er besitzt einen grauen Ton, den viele Maler als Farbe oder als Grundierung für ihre weiße Leinwand verwenden.

Ist die Palette groß genug, können Sie die Farben nach jeder Sitzung an ihrem Platz lassen und nur die mittlere Fläche säubern. Mit der Zeit nimmt die Palette dann ein Aussehen wie auf dieser Abbildung an.

Bei der Säuberung der Palette entsteht ein schmutzig-grauer Farbbrei. Diesen Ton kann man als eigenständige Farbe oder als Untermalung verwenden, um anschließend mit einer ähnlichen Skala darauf weiterzuarbeiten.

CÉZANNES PALETTE
Die Impressionisten verstanden ihre Farben als chromatische Tastatur, mit der sie die wechselnden Aspekte der Natur interpretieren konnten. Man weiß, dass Paul Cézannes Palette aus folgenden Farben bestand: Bleiweiß, Leuchtend Gelb, Neapelgelb, Chromgelb, Lichter Ocker, Rotocker, Siena natur, Siena gebrannt, Zinnober, Krappkarmin, Karminlack, Veronesegrün, Smaragdgrün, Grüne Erde, Kobaltblau, Ultramarinblau, Preußischblau und Schwarz. Eine vollständigere Palette kann man sich kaum vorstellen ... Auch keine, die schwieriger zu handhaben wäre.

DIE KLASSISCHE PALETTE
Vor dem Auftauchen des Impressionismus verwendeten die Maler eine begrenzte Palette, um eine harmonische Farbgebung zu gewährleisten. Die Landschaftsmaler des 19. Jahrhunderts hatten nicht mehr als zehn Farben auf ihrer Palette, zu denen in den meisten Fällen Ocker, Erdfarben, Grün, Blau sowie Weiß und Schwarz gehörten.

Die Auswahl der Farben

Innerhalb der zahlreichen möglichen Kombinationen schlagen wir Ihnen eine Auswahl vor, mit der Sie alle Themen in Angriff nehmen können, angefangen von den schmucklosesten bis zu den koloristischsten. Zunächst Titanweiß, das am lichtechtesten und deckendsten ist. Kadmiumgelb, ein intensiver, deckender Ton, ist für Mischungen am geeignetsten. Daher raten wir Ihnen zu Kadmiumgelb zitron oder Kadmiumgelb hell. Zu diesen Gelbtönen sollte man Lichter Ocker fügen, eine sehr alte Farbe von ausgezeichneter Qualität. Bei Rot raten wir zu Zinnober, Kadmiumrot und Krappkarmin. Allerdings besitzt Zinnober einige Nachteile: Es trocknet langsam und neigt zum Schwärzen. Die beiden anderen Rottöne werden von fast allen Malern verwendet.

Unsere endgültige Farbauswahl sieht so aus: 1. Titanweiß, 2. Kadmiumgelb zitron, 3. Kadmiumgelb mittel, 4. Lichter Ocker, 5. Siena gebrannt, 6. Umbra gebrannt, 7. Zinnober, 8. Kadmiumrot mittel, 9. Krappkarmin, 10. Permanentgrün, 11. Chromoxidgrün, 12. Kobaltblau, 13. Ultramarinblau dunkel und 14. Elfenbeinschwarz.

NACHFOLGEPRODUKTE
Die meisten Farben, die ursprünglich Schwermetalle wie Kadmium, Kobalt oder Chrom als Grundlage enthielten, werden heute aus weniger giftigen Substanzen in einem sehr ähnlichen Ton hergestellt. Diese Nachfolgeprodukte sind mit der Qualität der Originalfarben vergleichbar und haben den Vorteil, nicht gesundheitsschädlich zu sein.

Grün, Blau und Erdfarben

Grüne Erde, Permanentgrün, Chromoxidgrün, Kobaltblau, Ultramarinblau und Preußischblau sind die am häufigsten verwendeten Grün- und Blautöne. Kobaltblau und Ultramarinblau sind als helle und als dunkle Nuancen erhältlich. Beide sind lichtecht und weisen keinerlei Nachteile auf. Preußischblau färbt sehr stark und dominiert in allen Mischungen. Deshalb muss man es mit Vorsicht verwenden. Nicht fehlen dürfen die Erdfarben: Siena gebrannt und Umbra gebrannt sind am nützlichsten. Viele Maler fügen noch Siena natur und Umbra natur hinzu, die dunkler und matter sind. Alle Erdfarben sind absolut lichtecht und bereiten keine Probleme, solange man sie nicht als dicke Impastos aufträgt. Elfenbeinschwarz ist zweifellos das beste Schwarz.

Die Vorteile unserer Auswahl

Unsere Auswahl vereint eine Reihe von Vorteilen: Erstens enthält sie die reinen Grundfarben (Gelb, Karmin und Blau), sodass man kräftige Farben aus deren Mischungen erzielen kann. Zweitens umfasst sie eine breite Skala der sehr nützlichen Erdfarben, mit denen man eine gedämpfte Farbgebung, gebrochene Töne etc. erreichen kann. Und drittens ist die Auswahl umfassend genug, um bei koloristischen Themen und jenen, die eine schlichte, vibrierende Harmonie erfordern, auf Mischungen verzichten zu können.

Velazquez, Garten der Villa Medici in Rom. *Prado, Madrid. Ein meisterhaftes Beispiel für Nüchternheit ist diese Landschaft, die mit äußerst schmucklosen Farben entstand: graue und grüne Töne aus Farbmischungen. Kein einziger Tupfer reiner Grundfarbe ist zu erkennen. Das Ergebnis ist ein sanft harmonisiertes Werk von atmosphärischer Qualität.*

Matthias Grünewald, Die Stuppacher Madonna. *Marienkirche, Stuppach, Deutschland. Hier verwendete der Künstler ein Maximum an reinen Farben. Der Regenbogen über der Landschaft ist ein bezeichnendes Detail für diese Malweise. Die Harmonisierung ist lebhaft und ausdrucksvoll.*

VIELE ODER WENIGE MISCHUNGEN

Wegen der chemischen Beschaffenheit der Farben ist es ratsam, wenig zu mischen, denn je mehr Farben man mischt, desto größer wird die Gefahr, dass die chemischen Bestandteile einiger Töne das Ergebnis beeinträchtigen. Obwohl unsere Auswahl sehr lichtbeständig ist und keine Unverträglichkeiten zwischen den Farben bestehen, können übermäßige Mischungen der Reinheit der Farbgebung schaden. Besser ist es, einen einfachen Ton zu wählen, anstatt die Farbgebung mit zu vielen unterschiedlichen Tönen zu überfrachten.

Die Pinsel

Normalerweise verwendet man für die Ölmalerei Schweinsborstenpinsel. Die Borsten, die aus dem Fell der Schweine stammen, sind fest und widerstandsfähig. Sie sind elfenbeinfarben und vereinen die besten Eigenschaften für die Ölmalerei: Der Haarkörper fasst viel Farbe, hält hervorragend sowohl bei Strichen als auch bei Impastos und wird im Laufe der Zeit immer besser, denn er öffnet sich mit zunehmendem Gebrauch und erhöht seine Aufnahmefähigkeit. Doch während Aquarellpinsel selbst bei täglichem Gebrauch jahrelang halten können, nutzt sich der Schweinsborstenpinsel durch die Reibung über den Malgrund ab, und die Borsten werden immer kürzer, bis der Pinsel unbrauchbar ist. Dafür sind Ölmalpinsel höchster Qualität erheblich preiswerter als Aquarellpinsel vergleichbarer Sorte. Einige Künstler arbeiten auch mit Rotmarderpinseln. Diese eignen sich für feine Arbeiten ohne Impastos, vor allem zum Ziehen von Linien und Anlegen winziger Details.

Traditionelle Ölmalpinsel bestehen aus Schweinsborsten, ein festes, widerstandsfähiges Material. Für die Arbeit mit stärker verdünnter Farbe ohne Impastos verwenden zahlreiche Künstler auch Aquarellpinsel mit weichem Haarkörper.

DIE FORM DES HAARKÖRPERS

Sie haben sicher schon festgestellt, dass nicht alle Ölmalpinsel dieselbe Form besitzen. Einige haben einen abgerundeten Haarkörper mit Spitze, andere sind flach wie eine Bürste. Es gibt auch flache Pinsel in der sogenannten Katzenzungenfaçon mit und ohne Spitze. Jeder Haarkörper ergibt einen bestimmten Strich. Bei den Flachpinseln ist er breit und enthält viel Farbe. Mit Rundpinseln kann man lineare Striche mit flüssiger Farbe ziehen, und die „Katzenzungenfaçon“ ist äußerst vielseitig und eignet sich ideal für dünne Linien und Details.

Diese Abbildung zeigt alle Formen der Pinsel für die künstlerische Ölmalerei. Von links nach rechts: Flachpinsel mit eckigem Haarkörper, Katzenzungenfaçon mit Spitze, 2 weiche Rundpinsel, Flachpinsel aus Schweinsborsten, Rundpinsel aus Schweinsborsten, abgerundete Katzenzungenfaçon, dicker Rundpinsel sowie zwei weiche Pinsel in der Katzenzungenfaçon und als Flachpinsel. Darüber sehen Sie den charakteristischen Strich des Pinsels.

Normales Pinselsortiment

Die Größe des Haarkörpers wird mit Ziffern von 0 bis 25 oder 30 auf dem Stiel angegeben. Ein normales Sortiment für die Ölmalerei muss unbedingt eine ausreichende Anzahl an Schweinsborstenpinseln umfassen. Zum Beispiel: drei Flachpinsel Nr. 4, 12 und 20 und drei Rundpinsel derselben Größe. Das würde bereits reichen. Besscr ist es jedoch, noch einige weiche Pinsel mit dünnem Haarkörper sowie ein oder zwei breite Borstpinsel zum Anlegen von Untergründen oder großen Farbflächen hinzuzufügen. Mit diesem Sortimcnt kann man jede Arbeit in Angriff nehmen.

REICHEN NICHT EIN ODER ZWEI PINSEL

Zum Malen mit Aquarellfarben trifft dies zu, da sich die Pinsel rasch mit Wasser reinigen lassen. Ölfarben lösen sich nicht so leicht. Deshalb benötigt man jeweils einen gesonderten Pinsel für bestimmte Farben. Vier oder fünf Pinsel sind das Minimum.

Hier ein sehr vollständiges Pinselsortiment: Drei flache und drei runde Schweinsborstenpinsel. Hinzu kommen vier Pinsel mit weichem Haarkörper unterschiedlicher Form und Größe sowie zwei breite Borstpinsel (einer aus Schweinsborsten und ein weicher) für Untergründe und große Farbflächen.

HALTEN DES PINSELS

Mit Ölfarben malt man auf die unterschiedlichste Weise: detailliert und ausgeklügelt, aber auch lebhaft und energisch. Normalerweise wird jede Art irgendwann innerhalb der einzelnen Stadien des Werkes erforderlich. Die Haltung des Pinsels ergibt sich aus dem gewünschten Ergebnis.

Hält man den Pinsel wie einen Stift, beherrscht man den „kalligraphischen" Strich der linearen Zeichnung und kann die Formen mühelos anlegen.

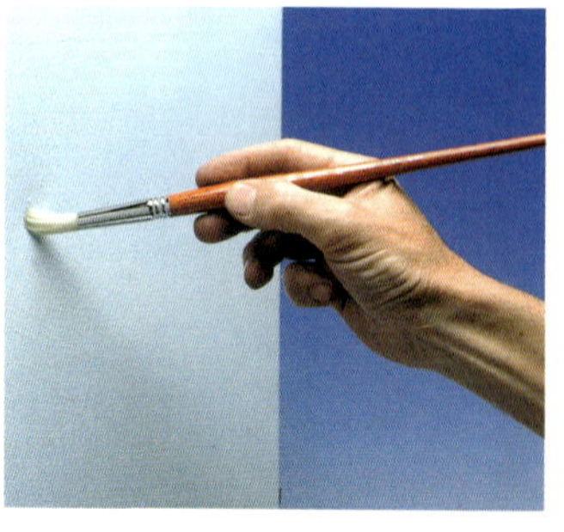

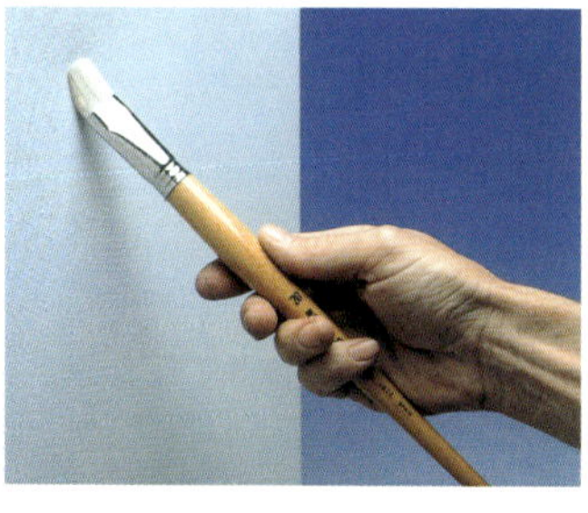

Dies ist die übliche Pinselhaltung für Impastos, also beim Malen mit dicken Schichten der Ölfarbe.

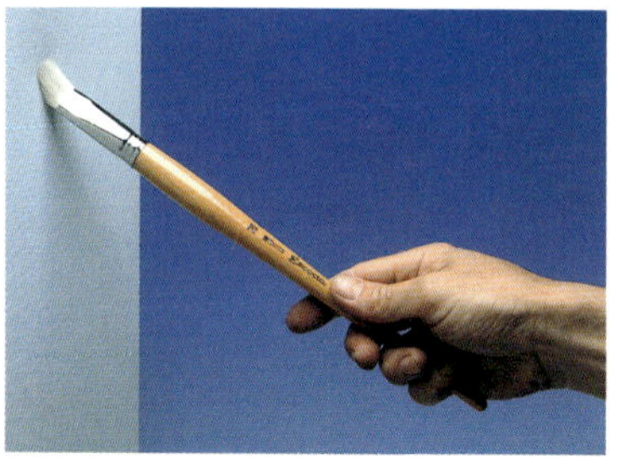

Hält man den Pinsel wie einen Stab, kann man aus einem gewissen Abstand zum Bild malen, das Ganze im Auge behalten und die Farben mit lebhaften, wenn auch weniger präzisen Pinselstrichen anlegen.

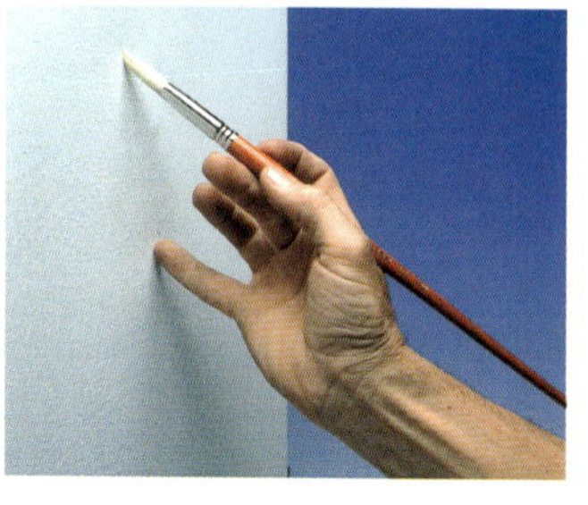

So erhält der Strich seine maximale Präzision. Diese Malweise ist allerdings nur möglich, wenn man mit dünneren Pinseln arbeitet.

Leinwand und andere Malgründe

Leinwand ist der traditionelle und gebräuchlichste Malgrund für Ölfarben. Das Material für die Herstellung von Leinwand ist Leinen, Hanf oder Baumwolle. Malpappe und dickes Papier werden von zahlreichen Malern für Skizzen und Farbstudien verwendet. Beide haben jedoch den Nachteil, zu saugkräftig zu sein, sodass mit der Zeit Mängel oder Veränderungen in der Farbschicht auftreten. Traditionell vermeidet man dieses Problem, indem man die Fläche zuvor mit einer Knoblauchzehe abreibt, was die Saugkraft mindert. Außerdem kann man eine Grundierung aus Leim oder Gesso auftragen, welche die Oberfläche versiegelt und die übermäßige Saugkraft beseitigt. Prinzipiell kann man jede Pappe verwenden, vorausgesetzt sie ist nicht zu porös. Die beste Alternative für Leinwand ist jedoch zweifellos Malpappe, also Pappe, die mit einer Spezialleinwand für Ölfarben überzogen worden ist. Sie ist leicht und handlich und kann im Malkasten transportiert werden. Auch entsprechend versiegelte Holztafeln sind ausgezeichnete Malgründe.

DIE QUALITÄT DER LEINWAND
Maltücher aus Leinen besitzen wegen ihrer Feinkörnigkeit und ihres guten Verhaltens bei Feuchtigkeit die beste Qualität (sie verändern ihre Spannung nicht sehr). Sie sind auch am teuersten, wobei sich ihr Preis nach der Dichte des Fadens pro Quadratzentimeter richtet. Es gibt auch Mischungen aus Leinen und Baumwolle, die etwas preiswerter sind. Maltuch aus Baumwolle wird wegen seines guten Preis-Leistungs-Verhältnisses am meisten verwendet.

Die obere Abbildung zeigt unterschiedliche Malgründe für die Arbeit mit Ölfarben: Leinwand, Malpappe, mit Maltuch bespannte Pappe und Holz. Alle Malgründe müssen ausreichend grundiert sein, damit sie keine Feuchtigkeit aufnehmen.

Das Korn der Leinwand

Die Struktur der Leinwand hängt sowohl vom Gewebe als auch von der Grundierung der Oberfläche ab. Ein Maltuch aus Leinen hoher Qualität besitzt eine sehr feine Struktur und erlaubt eine äußerst minutiöse Malweise. Einige Künstler bevorzugen Leinwand mit ausgeprägterem Korn, das auch von einigen Herstellern angeboten wird. Es handelt sich um teure Malgründe, die eher für Acrylfarben als für Ölfarben gedacht sind. Übrigens kann die trockene Farbschicht eines Bildes, das man nicht aufbewahren möchte, eine ausgezeichnete Grundlage für ein neues Werk bilden.

Auf grobkörniger Leinwand erscheinen die Pinselstriche stärker strukturiert, was Feinheiten im Detail erschwert.

Malgründe aus Leinen haben eine feinere Struktur. Darauf wirkt die Farbe weicher und seidiger.

Die Grundierung

Die Grundierung der Leinwand für Ölfarben besteht aus Leim (traditionell Kaninchenleim) und einem speziellen weißen Gips. Das Ergebnis ist eine weiße Schicht ohne Struktur, welche die Saugfähigkeit der Leinwand aufhebt, die Poren verschließt und eine gute Grundlage zum Malen bildet. Die weiße Farbe setzte sich zu Beginn des 19. Jahrhunderts durch, als man erstmals reine, vibrierende Harmonisierungen bevorzugte. Vorher hatte man gewöhnlich auf einem roten Fond gemalt. Einige Hersteller bieten ebenfalls graue, cremefarbene oder schwarze Leinwand an. Man kann auch unpräparierte Leinwand erwerben und seine eigene Grundierung auftragen. Viele Künstler tönen ihre Leinwand zuvor mit einer bestimmten Farbe entsprechend der Komposition und der Farbenharmonie, in der sie malen möchten.

Eine unzureichende Grundierung reißt beim Rollen oder Zusammenfalten der Leinwand. Gute Grundierungen sind so elastisch, dass dies nicht geschieht.

Hier eine Leinwand ohne Grundierung. Auf einer Fläche wie dieser kann man praktisch nicht malen, weil die Farbe aufgesaugt würde.

WIE MAN EINEN MALGRUND VORBEREITET

Zur Vorbereitung muss man die Pappe oder das Holz mit einer Grundierung überziehen (am häufigsten wird Gesso verwendet), die man in Fachgeschäften erhält. Man trägt die Masse mit einem breiten Flachpinsel in mindestens zwei Schichten auf und fügt die zweite mit senkrechten Pinselstrichen hinzu, nachdem die erste getrocknet ist. Sind Pinselspuren entstanden, muss man die Fläche nach dem Trocknen mit feinkörnigem Schmirgelpapier abschleifen.

Die Staffelei

Es gibt zwei Arten von Staffeleien für die Ölmalerei: Die Feldstaffelei für die Arbeit im Freien und die Studiostaffelei zum Malen im Atelier. Die Feldstaffelei ist zusammenlegbar und transportabel. Die Studiostaffelei ist solider, stabiler und auch größer. Es ist wichtig, eine gute Staffelei zu besitzen, auf der man mit großen und kleinen Formaten arbeiten kann und die sich beim Malen nicht bewegt. Die Studiostaffelei für das professionelle Atelier hat vier Rollen, ist in der Höhe verstellbar und hält das Bild sicher fest. Die Feldstaffelei kann ebenfalls so solide sein, dass man sowohl im Atelier als auch im Freien mit den meisten Formaten darauf arbeiten kann. Sie hat den Vorteil, zusammenlegbar zu sein und nach Abschluss der Sitzung nicht viel Platz einzunehmen.

Die Feldstaffelei ist zusammenlegbar und transportabel. Manchmal ist sie mit einem Malkasten versehen. Man kann sowohl im Atelier als auch im Freien damit arbeiten.

Die Studiostaffelei ist robust und wesentlich größer. Sie eignet sich ideal für große Formate. Sie ist die solideste Staffelei, lässt sich aber nicht zusammenlegen und beansprucht daher viel Platz.

Die Verdünner

Um die Paste der Ölfarben flüssiger zu machen, benötigt man einen Spezialverdünner. Am geeignetsten ist rektifiziertes Balsamterpentin, das aus natürlichen Harzen gewonnen wird. Zahlreiche Maler verwenden allerdings Terpentinersatz, das preiswerter ist und aus Erdöl hergestellt wird. Beide Verdünner verflüssigen die Ölfarbe und eignen sich daher sowohl zum Malen als auch zum Reinigen der Pinsel und der Palette. Erfahrene Künstler mischen den Verdünner mit Öl, um eine Substanz zu erhalten, welche die Viskosität der Farbe nicht verringert. Man muss jedoch das richtige Verhältnis der Mischung beachten (etwa ein Teil Öl zu vier Teilen Verdünner), damit der Ölüberschuss dem fertigen Bild nicht schadet.

FIRNISSE UND „MEDIUMS"

Um die Konsistenz einer Farbe zu verändern, ihr Trocknungsvermögen zu beschleunigen, zu retuschieren oder ein glänzendes Ergebnis zu erhalten, kann der Künstler gewisse „Mediums" oder Firnisse einsetzen. Mediums sind Substanzen, die man zum Verdünner oder zur Farbe gibt, um deren Eigenschaft zu verändern. Am häufigsten verwendet werden Sikkative, die man mit höchster Vorsicht einsetzen muss, um Risse in der Farbschicht zu vermeiden. Bei den Firnissen unterscheidet man Retuschierfirnis (um matte Stellen in glänzende zu verwandeln) und Schlussfirnis, den man nach dem Trocknen auf das fertige Bild trägt. Das vollständige Trocknen erfordert in der Regel etwa ein Jahr, wobei die Dauer von den atmosphärischen Bedingungen und der Dicke der Farbschicht abhängt. Es gibt sowohl matte als auch glänzende Schlussfirnisse, in Flaschen und als Spray. Allerdings werden sie nur von wenigen Malern verwendet. Die meisten bevorzugen den natürlichen Glanz der Ölfarben.

Zeichenmaterial, Spachtel und Lappen

Zu dem Zeichenmaterial, das man immer zur Hand haben muss, gehören Zeichenkohle, Radiergummi und weiche Bleistifte. Zeichenkohle benötigt man, um das Kompositionsschema auf die Leinwand zu tragen; Bleistifte braucht man zum Skizzieren. Die Zeichenkohle sollte relativ dick sein. Für Details oder dünne Striche kann man ein kleines Stück abbrechen. Spachtel sind zum Reinigen der Palette unerlässlich (messerförmige, lange flexible Klinge). Die Maurerkellen eigenen sich eher zum Abkratzen der Farbe oder zum Auftragen dicker Impastos. Die Arbeit mit Ölfarben kann ziemlich schmutzig sein. Deshalb muss man unbedingt Papier (zerrissene Zeitungsblätter) und alte Lappen bereit haben, um die Hände oder die Kleidung (bei Flecken) zu säubern, eine Stelle zu verbessern, die Pinsel zu reinigen und allgemeine Sauberkeit zu gewährleisten.

Zeitungspapier eignet sich gut zum Entfernen des Farbüberschusses aus dem Haarkörper und zum Reinigen der Palette.

Spachtel gibt es in zahlreichen Formen. Die mit langer flexibler Klinge benutzt man vor allem zum Reinigen der Palette; die starren, dreieckigen (Maurerkelle) sind hervorragend zum Auftragen von Farbe geeignet und können für alle möglichen Zwecke eingesetzt werden.

Um die allgemeine Sauberkeit zu gewährleisten, sollte man immer Lappen und Saugpapier zur Hand haben.

DAS PROBLEM DER „MEDIUMS"

Die Hersteller bieten ständig neue Zusätze oder Mediums an, um die Konsistenz, das Trocknungsvermögen, den Glanz, die Pastosität oder die Struktur der Ölfarben zu verändern. Allerdings sollte man sie erst einsetzen, nachdem man ausreichende Erfahrung in der Handhabung der Ölfarben gesammelt hat. Die Zeit und die Praxis sind wichtig, um einen Maßstab dafür zu erhalten, ob man die normale Qualität der Farbe durch Zusetzen einer der genannten Substanzen verändern soll.

PINSELWASCHGERÄTE

Das Pinselwaschgerät hat die Aufgabe, die Pinsel sauber zu halten. Es handelt sich um ein Gefäß mit doppeltem Boden und einer Sprungfeder im oberen Teil. Die Pinsel werden so in die Sprungfeder gedrückt, dass sie senkrecht stehen und der Haarkörper in Terpentin getaucht ist. Dabei lösen sich die Farbreste und sinken auf den ersten, durchlöcherten Boden. Dieser ist ausziehbar und kann von den Farbresten gesäubert werden, ohne dass man Terpentin verschwendet, das relativ rein bleibt und erneut verwendet werden kann.

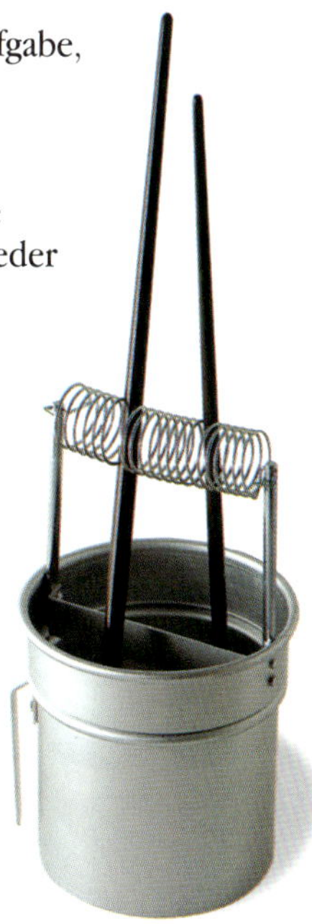

Reinigung und Aufbewahrung der Pinsel

Die Reinigung der Ölmalpinsel muss nach jeder Sitzung erfolgen. Am besten drückt man den Haarkörper zunächst in Zeitungspapier aus. Anschließend wäscht man ihn mit Terpentinersatz, um die verbliebenen Farbreste aufzulösen. Dieses Verfahren reicht jedoch nicht immer, um die Schweinsborsten restlos zu säubern. Außerdem werden die Borsten von dem aggressiven Terpentin angegriffen. Deshalb wäscht man den Pinsel zum Abschluss besser mit Wasser und Seife. Ideal ist ein großes Stück Seife, auf dem man den Haarkörper reiben kann. Nachdem er gut eingeschäumt ist, reibt man ihn unter leichtem Druck auf der Handfläche, spült ihn mit klarem Wasser aus und wiederholt das Verfahren so lange, bis der Schaum völlig weiß bleibt. Nach dem letzten Spülen richtet man die Borsten wieder auf und stellt den Pinsel mit dem Haarkörper nach oben in eine Dose oder ein Glas. Ist die Zeit zwischen zwei Sitzungen nicht allzu lang, braucht man die Pinsel nicht zu waschen. Es reicht, wenn man sie in Wasser taucht. Mehr als ein oder zwei Tage sollte es allerdings nicht dauern. Gute Pinsel sind teuer. Bei sachgemäßer Verwendung und ordentlicher Pflege können sie jedoch lange halten.

EINE GUTE IDEE
Manchmal werden die Pinsel während des Transports beschädigt, weil sich die Haarkörper aufgrund einer schlechten Lage im Kasten öffnen oder verdrehen. Das kann nicht passieren, wenn man die Pinsel gut sichert. Für den Transport außerhalb des Malkastens ist daher ein Etui wie das hier abgebildete sehr zu empfehlen. Es wiegt wenig, nimmt nicht viel mehr Platz ein als die Pinsel, und die Haarkörper sind gut geschützt.

1

1 Drücken Sie den Farbüberschuss zunächst in Zeitungspapier aus.

2

2 Spülen Sie den Haarkörper mit Terpentinersatz, um die dicken Farbreste aufzulösen, und reiben Sie ihn anschließend auf einem großen Stück Seife.

3

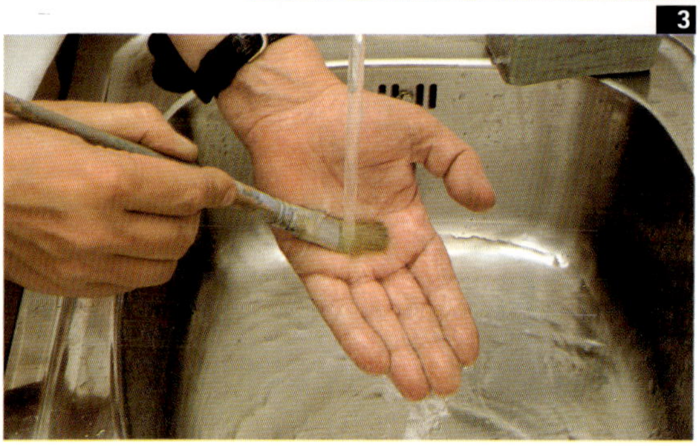

3 Nachdem der Haarkörper eingeseift ist, reiben Sie ihn auf der Handfläche, bis sich der Schaum nicht mehr färbt.

WIE MAN ÖLFARBFLECKEN ENTFERNT
Haben wir unsere Kleidung beim Malen verschmutzt, müssen wir den Fleck zunächst mit einem Verdünner bearbeiten, um ihn so stark wie möglich zu verringern. Anschließend waschen wir ihn mit Seife und spülen so lange, bis weder Farbreste noch Ränder vom Verdünner zurückgeblieben sind.

Entfernen Sie die Farbreste sorgfältig mit einem Spachtel von der Palette. Schütten Sie anschließend etwas Terpentin auf die Fläche, und reiben Sie sie gründlich mit Saugpapier ab.

Ist die Farbe im Verschluss getrocknet, braucht man das Gewinde nur etwas zu erhitzen, damit die Tube sich öffnet.

Reinigung der Palette

Es ist äußerst unangenehm, seine Mischungen auf Farbresten anzufertigen, die hart geworden sind, weil man sie nicht rechtzeitig entfernt hat. Daher muss man seine Palette nach jeder Sitzung reinigen. Zunächst kratzt man die verbliebenen Farbmischungen mit einem Spachtel ab, gibt anschließend einige Tropfen Terpentin auf das Holz und bearbeitet die Palette mit Saugpapier. Wie bereits auf den vorigen Seiten erwähnt, können Sie die reinen Farben auch behalten und nur den mittleren Abschnitt säubern, der den Mischungen vorbehalten ist. Das Verfahren bleibt dasselbe.

WIE MAN DEN SPACHTEL SÄUBERT
Auch der Spachtel muss gesäubert werden. Wenn die Farbe auf darauf trocknet, wird er absolut unbrauchbar. Man kann den Spachtel mit einem anderen Spachtel oder mit einem Messer säubern. Man kratzt alle Farbreste sorgfältig ab und reibt die Klinge zum Abschluss mit einem Lappen trocken.

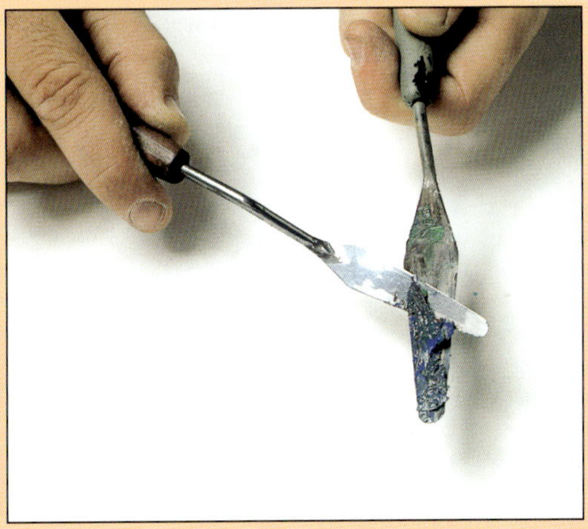

Aufbewahrung der Farben

Die Aufbewahrung der Farben erfordert keine spezielle Sorgfalt. Wichtig ist nur, dass man die Tuben nach jeder Sitzung gut verschließt. Ist die Farbe unmittelbar an der Öffnung getrocknet, kann man die harte Schicht mit einem Stäbchen durchstechen und den Weg für die frische Farbe frei machen. Ist dies wegen der Härte nicht möglich, bleibt als letzter Ausweg, die Tube am unteren Ende zu öffnen und das herauszunehmen, was noch verwendbar ist. Ist die Farbe innerhalb des Gewindes getrocknet und sitzt der Verschluss fest, kann man die Stelle mit einem Feuerzeug erhitzen. Anschließend lässt sich die Tube mühelos öffnen.

Die Hände säubert man mit Wasser und Seife. Den Verdünner sollte man nur sparsam einsetzen, da er die Haut austrocknet und rissig macht. Es gibt einige Spezialcremes für Maler, die schwierige Flecken besser entfernen als Seife. Eine billigere Alternative für diese Cremes ist Flüssigseife, die mit feinsten Holzspänen als Reinigungsmittel angereichert ist.

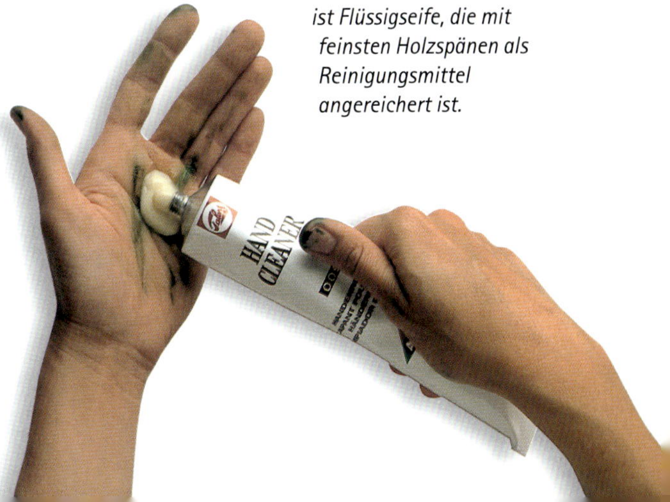

„Säuberung" der Leinwand

Ölfarben sind ein außerordentlich vielseitiges Medium. Sie erlauben eine beharrliche Bearbeitung und eine Korrekturmöglichkeit wie kein anderes Malverfahren. Ist die Farbe noch frisch, kann man das Werk buchstäblich wieder auslöschen, indem man die Schicht zunächst mit einem Spachtel abkratzt, die Reste anschließend mit einem in Terpentin getauchten Pinsel auflöst und die Fläche zum Abschluss mit einem mit Verdünner getränkten Lappen abreibt. Häufig benutzen die Maler alte oder nicht ganz gelungene Bilder, um ein neues Werk darauf zu malen. Ist die Farbschicht sehr rau und enthält sie ein starkes Relief, muss man sie mit Schmiegelpapier bearbeiten. Um einen glatten Untergrund zu erhalten, kann man das alte Bild auch mit einer nicht zu stark mit Terpentin verdünnten Farbe übermalen.

1

1 Möchten Sie eine frisch bemalte Leinwand säubern, kratzen Sie die gesamte Schicht zunächst mit einem Spachtel ab.

2

2 Farbe, die sich im Gewebe der Leinwand abgesetzt hat, lässt sich mit einem in Terpentin getauchten Pinsel auflösen.

3

3 Die aufgelöste Farbe wird mit einem Lappen von der Leinwand entfernt.

4

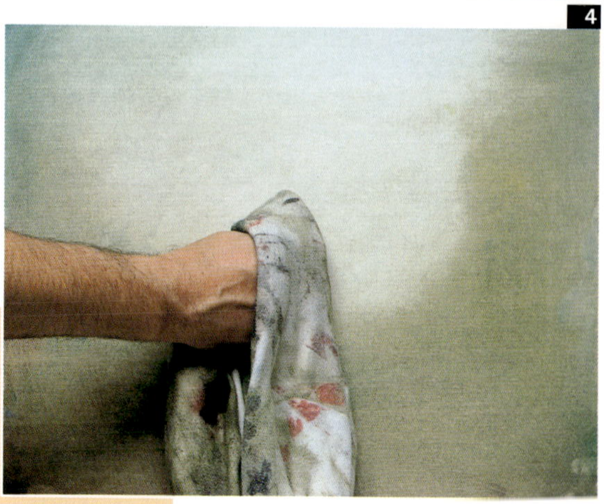

4 Schließlich tränkt man einen Lappen mit Verdünner und reibt die gesamte Leinwand damit ab.

DIE RAHMUNG

Die Rahmung eines Bildes hängt immer vom Geschmack des Künstlers und des potentiellen Käufers ab. Sie kann mit einer schlichten lackierten oder bemalten Holzleiste erfolgen oder mit einem geschnitzten Luxusrahmen. Der Stil des Malers ist entscheidend. Viele zeitgenössische Künstler rahmen ihre Werke nicht, sondern verwenden dicke Leisten, um ihrem Bild größeren Nachdruck zu verleihen. Malt man auf Pappe, ist eine Rahmung immer erforderlich, und zwar mit Glas wie für Zeichnungen und Aquarelle oder mit einem traditionellen Rahmen für die Ölmalerei.

Die Freuden der Farbe

Es gibt viele Möglichkeiten, mit Ölfarben zu malen. Man muß jedoch einige Bedingungen respektieren, um die maximale Wirkung des Mediums zu erreichen, ohne dessen Eigenarten zu verfälschen. Im Folgenden finden Sie Anleitungen für die grundlegenden Verfahren.

Malen muss vor allem ein Vergnügen sein. Für den Ölmaler gibt es nichts Vergleichbares für die Handhabung der Farben, das Mischen auf der Palette oder der Leinwand, das Verstreichen der Farbpaste oder das Schaffen von Strukturen mit dem Spachtel, wenn man die Töne gleichzeitig auf der Leinwand mischt und verteilt, Pinselstriche anlegt, verändert oder mit weiterer Farbe bedeckt etc. Der manuelle, körperliche Prozess ist für den echten Künstler ebenso wichtig wie das fertige Werk. Auf den folgenden Seiten beschreiben wir, wie der Maler seine Farben und Materie schafft, um dem Gestalt zu verleihen, was er in der Natur oder in seiner Vorstellungskraft sieht. Die Praxis ist immer der beste Führer, und die Praxis mit Ölfarben ist darüber hinaus sehr angenehm.

◆

Der manuelle, körperliche Prozess des Malens ist für den echten Künstler ebenso wichtig wie das fertige Werk.

◆

Außerdem ist sie unerlässlich: Farben, die eben noch lebhaft waren, nehmen kurz darauf einen erdigen Ton an, ohne dass man sich dessen recht bewusst wird. Weil die Ölfarbe extrem flüssig und geschmeidig ist; weil eine Unkonzentriertheit beim Mischen unausweichlich zu einer schmutzigen oder schlecht gelungenen Farbe führt, sodass der Pinselstrich nicht die gewünschte Form erzeugt oder der Spachtel nicht das angestrebte Ergebnis erreicht. Solche Zwischenfälle sind logisch und natürlich. Sie machen das eigentliche Interesse an diesem Malverfahren aus. Wenn Sie unseren Erklärungen folgen, werden Sie verstehen, welche Mechanismen und welche Logik die Handhabung der Farben regieren und wie man das maximale Ergebnis daraus ziehen kann.

Esther Olivé, Gemälde. Privatsammlung. Die Ölmalerei ist ein extrem koloristisches Verfahren, das gleichzeitig eine perfekt harmonisierte Ausarbeitung mit sehr wenigen Farbtönen ermöglicht.

Die Farbmischungen

Erinnern wir uns zunächst an die wichtige Tatsache, dass sich theoretisch alle Töne aus nur drei Farben mischen lassen, nämlich den drei sogenannten Primärfarben Gelb, Blau und Karmin. Mischt man diese paarweise, erhält man die Sekundärfarben Rotorange, Grün und Dunkelviolett. Die paarweise Mischung dieser sechs Farben vervielfältigt die Anzahl der Töne, bis alle Farbskalen entstanden sind. Auch wenn wir wesentlich mehr Farben auf unserer Palette verwenden, bleibt diese Tatsache gültig. Ebenfalls gilt, dass die Mischungen von Blau mit Orange, Gelb mit Dunkelviolett und Grün mit Rot graue Farben ergeben. Diese Farbpaare bezeichnet man als Komplementärfarben. Jedes ähnliche Farbpaar erzeugt ein vergleichbares Ergebnis.

Die Mischung der Primärfarben Karmin und Gelb ergibt die Sekundärfarbe Rotorange.

Aus der Mischung der Primärfarben Gelb und Blau entsteht die Sekundärfarbe Grün.

Mischt man die Primärfarben Karmin und Blau, erhält man die Sekundärfarbe Dunkelviolett.

Die Mischung von Karmin (Primärfarbe) und Grün (Sekundärfarbe) ergibt grünliches Dunkelbraun. Karmin und Grün sind zueinander komplementär.

Aus der Mischung von Blau (Primärfarbe) und Rotorange (Sekundärfarbe) entsteht bläuliches Grau. Blau und Rotorange sind zueinander komplementär.

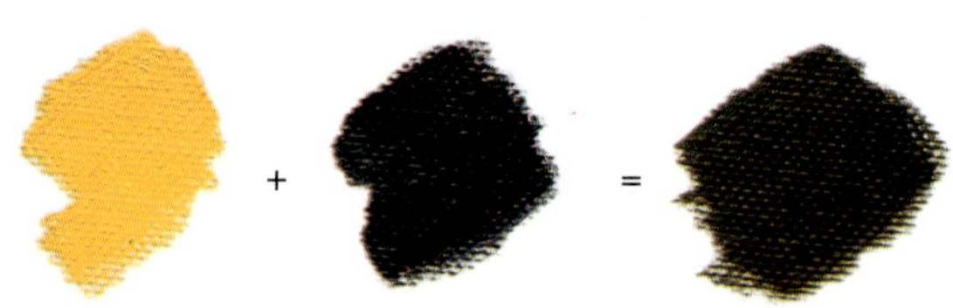

Die Mischung aus Gelb (Primärfarbe) und Dunkelviolett (Sekundärfarbe) ergibt sehr dunkles Grau, das grünstichig ist. Gelb und Dunkelviolett sind zueinander komplementär.

Abstufung durch Verdünnung der Farbe.

Abstufung durch Zugabe von Weiß.

VERSCHMELZUNGEN UND ABSTUFUNGEN
Ölfarben lassen sich absolut homogen mischen. Deshalb kann man sie mühelos miteinander verschmelzen und Abstufungen von hell nach dunkel und umgekehrt anlegen. Dieses Ergebnis lässt sich auch durch Zusatz von mehr oder weniger Verdünner erreichen, als malte man mit Aquarellfarben. Der Verdünner schwächt die Farbe und macht sie transparent. Verstreicht man sie auf dem Weiß der Leinwand, wirkt sie heller als der dichtere Farbton.

Aufhellen und Abschatten der Farbe

Der gesunde Menschenverstand sagt, dass man zum Aufhellen einer Farbe Weiß benötigt und zum Abdunkeln Schwarz. Die erste Feststellung ist sicher richtig, die zweite nur in den meisten Fällen. Es gibt wichtige Ausnahmen, so die Tatsache, dass Gelb und ähnliche Farben in der Mischung mit Schwarz einen schmutzigen Grün- oder Grauton ergeben. Und deshalb dunkeln wir Gelb natürlich nicht mit Schwarz ab sondern mit Rot. Man muß Orange als dunkles Gelb betrachten. Im Allgemeinen mindern Weiß und Schwarz die Sättigung der Farben und verringern ihre Vitalität. Deshalb darf man sie nicht missbrauchen, vor allem nicht das Schwarz.

Blau wird durch Aufhellen mit Weiß und Abdunkeln mit Schwarz nicht verändert. Man erhält hellere beziehungsweise dunklere Blautöne.

Hellt man Rot mit Weiß auf, verwandelt es sich in Rosa. Mit Schwarz abgedunkelt, reicht es bis zu Braun.

Orange kann man durch Zugabe eines Verdünners aufhellen, der es immer transparenter macht, ohne dass die Farbstärke zu stark abnimmt.

DIE FARBSKALEN
Wir wissen intuitiv, dass manche Farben besser miteinander harmonieren als andere. Gelb passt zum Beispiel gut zu gewissen Grüntönen und Orange. Rot harmoniert ausgezeichnet mit Karmin und Rosa. Siena und Braun bilden ebenfalls eine harmonische Farbfamilie. Wir könnten noch weitere Familien zusammenstellen. Es ist immer eine anregende, unterhaltsame Übung, Formen aus Farbflecken oder farbigen Papierschnitzeln zu ordnen, die eine interessante Harmonie ergeben. Die gesamte Farbenvielfalt lässt sich in drei großen Familien zusammenfassen: die warmen Farben, die kalten Farben und die gebrochenen bzw. graustichigen Farben.

Gelb wird durch Zugabe von Weiß immer blasser, verwandelt sich mit Schwarz jedoch in einen grünlichen Ton.

Das Problem der Graufalle

Auf den vorigen Seiten haben wir gesehen, dass bestimmte Mischungen zwangsläufig Grau ergeben. Man sollte immer im Gedächtnis haben, um welche Mischungen es sich handelt, um nicht in kraftlose Kolorationen zu verfallen. Haben wir irrtümlich Grau erhalten, nützt es nichts, Weiß hinzuzufügen, da dieses die Farbe noch stärker schwächen würde. Grautöne sind absolut zulässig (und notwendig), wenn man sie bewusst einsetzt. Sind sie ein zufälliges Ergebnis, zeugen sie von einer mangelhaften Kenntnis der Farbgesetze. Die Lektion, die wir aus diesem Kapitel ziehen wollen, besteht darin, solche Farbmischungen zu vermeiden und zu erfahren, welche Farben Schwarz und Weiß zulassen und welche man so wenig wie möglich damit mischen sollte.

Die Pfeile innerhalb dieses Dreiecks aus allen Farbskalen weisen auf jene Farben, deren Mischung Grau ergibt. Wie Sie feststellen können, sind es jeweils die sich gegenüberliegenden Komplementärfarben.

Grautöne ausschließlich aus der Mischung von Weiß und Schwarz sind kalt, neutral und rein.

Man kann eine komplette Farbskala ausschließlich aus Grautönen aufstellen. Natürlich muss es sich um farbiges Grau handeln, also um Töne, die gelb-, rosa-, grün- oder blaustichig etc. sind. Behutsam eingesetzt, bilden diese Farben einen wesentlichen Faktor für die Harmonisierung eines Bildes.

FARBIGE GRAUTÖNE

Grautöne erhält man aus der Mischung zweier Komplementärfarben plus Weiß. Man nennt sie auch gebrochene, „unreine" Farben. Zu den gebrochenen Farben gehören grünstichiges Braun und Grau, rötliches Braun, erdiges Grün, grünliches Dunkelblau etc. Schon die Bezeichnungen weisen darauf hin, dass die Töne nicht so rein sind wie die Primär- oder die Sekundärfarben. Gebrochene Farben können sowohl warm als auch kalt sein. Das erkennt man am besten, wenn man sie mit etwas Weiß aufhellt. Der gedämpfte Ton dieser Farben ermöglicht zahlreiche chromatische Möglichkeiten innerhalb einer weichen Harmonieskala.

Die Grisaille

Eine Grisaille malt man mit einer einzigen Farbe, die man mit Weiß aufhellt und mit Schwarz abstumpft. Anders ausgedrückt, man malt mit Grautönen. Dabei kann es sich um jede Farbe handeln, die nicht zu stark durch Weiß oder Schwarz verändert wird. Logischerweise muss die Farbe dunkel sein. Meistens stellt man Grisailles in Blau oder Braun her. Grisailles zu malen ist eine ausgezeichnete Übung, weil man dabei Abstufungen und Verschmelzungen untersuchen und ausführen kann, ohne sich um die Anordnung der Farben kümmern zu müssen. Es geht einzig darum, die Farben der Natur zu abstrahieren, die Helldunkelunterschiede zu erkennen und sie mit Hilfe von Mischungen aus der gewählten Farbe sowie Weiß und Schwarz wiederzugeben.

Jedes Motiv eignet sich zum Üben der Grisaille-Malerei. Einfacher ist es jedoch mit Themen, die eher Tonwertkontraste aufweisen als starke Farbkontraste

Für diese Grisaille, die nach dem oben abgebildeten Thema entstand, wurde Umbra natur verwendet, das mit Schwarz abgedunkelt und mit Weiß aufgehellt wurde.

GRAUTÖNE SIND WICHTIG

Die Farbenharmonie erfordert sowohl Grautöne als auch äußerst lebhafte Farben. Natürlich ist hier von der klassischen Harmonie die Rede, welche die Heiterkeit der Farbkontraste zum Ziel hat und nicht die schreiende Farbgebung. Bei der klassischen Harmonie nehmen die Grautöne, wie Cézannes Werk zeigt, die mittleren Ebenen ein, wo die Kontraste milder sind. Auf den beiden unteren Abbildungen stellen wir das Bild anhand von Farbpapierschnitzeln nach.

Paul Cézanne, Berge in der Provence. National Museum and Art Gallery of Wales, Cardiff, Großbritannien.

Dies ist eine schematische Darstellung der Landschaft Cézannes mit kolorierten Papierschitzeln. Wir erkennen die Bedeutung der Grautöne bei der Bewertung der Farben dieser Landschaft.

Hier alle Farbpapierschnitzel, die für das vorige Schema verwendet wurden. Die Grautöne übersteigen bei weitem die Anzahl aller übrigen Farben.

Der Pinselstrich

In einem Ölgemälde sind sichtbare Pinselstriche nicht nur beinahe unvermeidlich, neben der Farbe können sie auch die Form der Gegenstände beschreiben. Da es sich um ein dichtes Medium handelt, besitzen Striche mit Ölfarbe erheblich mehr Kraft und Präsenz als jene aller anderen Malverfahren. Diesen Umstand müssen wir nutzen, um das Thema zu definieren, und nicht nur die Umrisse zeichnen, sondern die gesamte Form. Das war die Arbeitsweise der Impressionisten. Ihr verdanken wir die Frische und die Spontanität der Werke. Das heißt nicht, dass ein Bild ohne sichtbare Pinselstriche wertlos wäre. Keineswegs. Doch die Arbeit auf Grundlage von Flecken, deren Form mit dem Pinselstrich übereinstimmt, verleiht dem Werk eine unvergleichliche Vitalität.

Die Kraft und die Entschlossenheit dieser Pinselstriche drücken die Form der Blüte vollständig aus. Hier wurden zwei Gelbtöne verwendet und mit wenig Weiß nuanciert.

Die Farbe der Pinselstriche, welche diese Blüten darstellen, entstand aus der Überlagerung eines dicken, dunklen, noch feuchten Flecks mit heller Farbe.

DIE „PERFEKTE" AUSARBEITUNG
Man braucht nur ein Museum mit klassischer Malerei zu besuchen, um festzustellen, dass die alten Werke – besonders die Stillleben – meistens eine völlig glatte Oberfläche ohne sichtbare Pinselstrichen besitzen – insbesondere im Vergleich zu modernen Werken. Die Glätte beruht zum Teil auf dem mehrfachen Firnissen der Bilder, was die Fläche vereint, vor allem aber auf den Forderungen der Auftraggeber jener Zeit. Der Kunstsammler der Renaissance und des Barock erwartete eine perfekte Ausarbeitung ohne Pinselspuren, bei der alle Farben eine Kontinuität bildeten. Der Künstler war also gezwungen, alle Spuren seiner Arbeit zu beseitigen.

Jacques Linard, Die fünf Sinne und die vier Elemente. *Louvre, Paris.*

Diese Blüten entstanden aus unterschiedlichen Farbflecken und Pinselstrichen, die wegen der Vielfalt ihrer Formen sowohl farblich als auch hinsichtlich ihrer Konturen äußerst interessant sind.

Das Thema dieses Werkes suggerierte eine Darstellung auf der Grundlage von Pinselstrichen. Beachten Sie, wie die Künstlerin Esther Olivé dieses Konzept bis ins Extrem durchgehalten hat.

KALLIGRAFIE

In vielen Fällen beruht das deutliche Vorhandensein von Pinselstrichen auf einer kalligrafischen Besonderheit des Künstlers: seine Art, die Form „Buchstabe für Buchstabe" zu sehen, also auf kalligrafische Weise. Diese Pinselstriche können lang oder kurz, pointillistisch oder in Form eines Kommas, dick oder aufgelöst, gekreuzt oder parallel etc. sein. Die gesamte Vielfalt ergibt sich in erste Linie aus den Eigenarten des Themas, aber auch (in hohem Maße) aus der Fähigkeit und dem Erfindungsvermögen des Künstlers bei der Schaffung eines reichen, vielfältigen Gewebes aus Pinseltupfern.

Auch der Hintergrund besteht aus Pinselstrichen, welche die Leinwand nicht gleichförmig bedecken. Die fehlende Gleichförmigkeit suggeriert den Raum, der sich hinter dem Blumenstrauß öffnet.

Das Impasto

Unter dem Impasto verstehen wir eine dicke unverdünnt angelegte Farbschicht. Mit dem Pinsel aufgetragene Impastos besitzen eine charakteristische zerfurchte, unregelmäßige Struktur, die je nach Ölmenge (mehr oder weniger „trockene“ Farbe) stärker oder schwächer ausgeprägt sein kann. Im Zusammenhang mit den Impastos müssen wir auch die Spachtel erwähnen, mit denen man die größte Farbmenge auf die Leinwand tragen kann. Spachtel werden (außer zum Säubern der Palette oder dem Kratzen der Farbe von der Leinwand) von jenen Künstlern verwendet, die dichte Farbflecken ohne Pinselspuren wünschen, aber mit einer reichen Struktur. Je nachdem, ob eine Farbe als Impasto oder stark verdünnt aufgetragen wird, ändert sich ihr Erscheinungsbild. Das ist eine der kennzeichnendsten Eigenschaften der Ölfarbe, die sie zu einem äußerst vielfältigen Medium macht. Eine großzügig aufgetragene Farbe bildet eine solide Fläche, die sowohl wegen ihres Farbenreichtums als auch wegen ihres Materials Interesse weckt.

Dieses Bild von Marta Duran ist ein perfektes Beispiel für die Impastotechnik. Das Werk wurde mit einem Spachtel und dicken Flachpinseln aus Schweinsborsten gemalt, die eine große Farbmenge fassen.

Das Weiß des Hauses entstand mit wenigen dicken Pinselstrichen, bei denen die strukturierte Farbe des Untergrunds durchscheint. Solche Pinselstriche erhält man, wenn man die Farbe unverdünnt lässt und so verwendet, wie sie aus der Tube kommt.

Diese Abbildung zeigt ein Eingangsstadium des Werkes. Die Künstlerin arbeitete auf einer stark strukturierten Grundlage aus dunkler trockener Farbe (die ein früheres misslungenes Werk bedeckt). Schon bei den ersten Farbflecken ist der energische Stil zu erkennen, der sich auf pastose Farben stützt, die kaum verdünnt wurden.

Die Spiegelung der Bäume entstand mit dicken Farblinien, die mit einem kleinen Flachpinsel gezeichnet wurden. Die Künstlerin verwendete viel Farbe, damit die Striche sich nicht mit dem Untergrund mischen.

Die Spiegelungen im Wasser entstanden aus Farbtupfern mit dem Spachtel. Die dicke Farbschicht aus einer Skala heller gebrochener Töne wurde in unterschiedliche Richtungen ausgezogen.

IMPASTOS UND FARBVERSCHMELZUNGEN
Möchten Sie Schattierung mit Farbverschmelzungen vornehmen, also mit Übergängen von einer Farbe zur anderen durch Mischungen auf der Leinwand, können Impastos Nachteile mit sich bringen. Erfolgen alle Verschmelzungen innerhalb der Farbschicht, riskieren Sie, dass das fertige Werk ein breiiges Aussehen ohne Farbkraft und Plastizität erhält. Die meisten Künstler, die in dieser Technik arbeiten, achten darauf, dass sie weder die Impastos übertreiben, noch mit sehr wenig Farbe arbeiten.

Der direkte Farbauftrag

Auch wenn Ölfarben unzählige Möglichkeiten und komplizierte technische Tricks zulassen, kann man sie ebenfalls als ein einfaches Medium verwenden, mit dem man unmittelbar und ohne weitere Vorbereitung nur mit einem Pinsel auf der weißen Leinwand malt. Die Arbeit ist nicht viel schwieriger als mit Farbstiften. Man verwendet eine geeignete Farbmischung oder die Farbe, wie sie aus der Tube kommt, und hellt sie mit einer weiteren Farbe auf oder stumpft sie ab. Die einzige Vorsichtsmaßnahme besteht darin, nicht zu viel Farbe mit dem Pinsel aufzunehmen, um keine Krumen zu erhalten, was das Verfahren erschweren würden.

Dieses kleine Bild (klein hinsichtlich seines Formats, nicht seines Inhalts) entstand ohne Vorbereitung direkt auf der weißen Leinwand. Die Farben wurden ohne Vorzeichnung nach der Art eines Entwurfs oder einer Skizze angelegt.

PAPIER
Manche Künstler verwenden Papier für ihre Skizzen und kleinen Farbnotizen in Öl. Papier kann jedoch Flecken bekommen und vergilben, da es das Öl aufsaugt. Das Ergebnis eines Ölbildes auf Papier ist immer matt. Allerdings kann man mit einer guten Grundierung aus Acrylfarbe oder Gesso vorbeugen und solche Probleme vermeiden.

Die dunklen Pinselstriche zeigen, wie das Violett ursprünglich aussah: wesentlich dunkler. In reiner Form aufgetragen, nuanciert es den Schatten und erzeugt eine Falte im Blütenblatt.

Diese Blätter und Stiele wurden mit der Pinselspitze gezeichnet. Dabei gleitet der Haarkörper federleicht über die Leinwand und hinterlässt einen sehr feinen Farbstrich, ohne dass eine Vorzeichnung als Leitlinie vorhanden wäre.

Bei der direkten Malweise entstehen die Formen während der Arbeit. Die Pinselstriche spielen eine sehr wichtige Rolle, da sie das Volumen und das Relief aller Elemente des Themas beschreiben.

Das Gelb der Blüte birgt keinerlei Geheimnisse: Der Ton stammt direkt aus der Tube. Das Violett drumherum (seine Komplementärfarbe), das leicht mit Weiß aufgehellt wurde, erzeugt einen starken, lebhaften Kontrast.

Die hellsten Violetttöne wurden mit etwas Weiß direkt auf der Leinwand gemischt.

DER FARBKONTRAST
Umgibt man Hellgrau mit Dunkelblau, wirkt es beinahe weiß. Wird umgekehrt Karmin von Weiß umgeben, erscheint es viel dunkler als mit einer schwarzen Umrandung. Je mehr unterschiedliche Töne zu einem Bild gehören, desto größer wird die Anzahl solcher Kontraste. Diese erreichen ihre maximale Stärke, wenn sie wie in diesem Bild aus Komplementärfarben bestehen: Das Gelb der Blüten ist von seiner Komplementärfarbe Violett umgeben.

Malen nach Farbblöcken

Die Technik des direkten Malens liefert nur unter bestimmten Bedingungen gute Ergebnisse: Wenn das Thema lebhafte Farben aufweist und keine räumliche Ausarbeitung erfordert. Anders ausgedrückt: Wenn der Gegenstand im Vordergrund liegt und das Umfeld keine Rolle spielt. In den meisten anderen Fällen muss man methodisch vorgehen und sich über das Ganze an die Details herantasten und nicht umgekehrt. Diese Technik stützt sich auf die Malweise nach Farbblöcken und führt zu einer geordneten, ausgewogenen Darstellung aller Teile des Werkes. Die hier gezeigte Bildfolge illustriert das Verfahren.

MATERIAL

- Leinwand oder bespannte Malpappe
- Zeichenkohle
- Ein Flachpinsel mittlerer Größe
- Farben: Ultramarinblau, Ocker, Chromoxidgrün und Weiß

1 Das Thema ist ein Haus an einer Lagune. Der deutlichste Farbblock besteht aus dem Himmel und seiner Spiegelung im Wasser. Wir malen diesen ganzen Block mit ziemlich verdünntem Hellblau und halten uns an die Umrisse des Gebäudes, die wir zuvor mit Kohle vorgezeichnet haben.

1

2

2 Der zweite wichtige Farbblock besteht aus dem waagerechten Uferstreifen. Als Farbe verwenden wir Ocker, den wir mit einer kleinen Menge Blau mischen und mit Weiß aufhellen.

3 Den dritten Block bilden die Palmwedel und deren Spiegelung im Wasser. Das blockweise Malen zwingt einen, die Details und die Nuancen beim Abdecken der Leinwand wegzulassen. Wichtig ist, dass man eine ausgewogene Komposition erhält.

4 Alle Farbnuancen und Ausarbeitungen im fertigen Werk stützen sich auf die ursprüngliche Malweise nach Farbblöcken. Diese sichert die korrekte Darstellung des Themas und vermeidet ein Ungleichgewicht durch übermäßige Beachtung bestimmter Details.

3

4

ERFORDERLICHE TECHNIKEN

◆ Vorzeichnung ◆
◆ Malweise nach Farbblöcken ◆
◆ Schattierung ◆

Malverfahren und Themen in Öl

Im Folgenden stellen wir Ihnen Schritt für Schritt diverse Themen in Öl vor. Jedes Malverfahren steht beispielhaft für eine charakteristische Technik dieses Mediums, und alle zusammen bilden einen breiten Überblick über die Ölfarben und ihre unendlichen Möglichkeiten.

Nach dem Überblick über das Material und die unterschiedlichen Möglichkeiten des Malens mit Ölfarben kommen wir nun zur Praxis. Auf den nächsten Seiten erklären wir Ihnen ausführlich, welches die wesentlichen Stadien bei der Anfertigung eines Ölgemäldes sind. Wie bei allen anderen Malverfahren hat auch hier jeder Maler seine bevorzugte Technik. Die folgenden Hinweise stützen sich auf eine üblicherweise akzeptierte Methode, die Ihnen Probleme während der Arbeit erspart. Dieser allgemein gehaltene Teil nützt Ihnen allerdings wenig, wenn Sie die Erklärungen nicht an konkreten Themen anwenden. Eine Gestalt zu malen ist etwas anderes als eine Landschaft. Jede Technik muss entsprechend angepasst werden. Die folgenden Seiten sind so angelegt, dass Sie erkennen und begreifen, wie das grundsätzliche Verfahren der Ölmalerei an die unterschiedlichen Themen und Zwecke angepasst wird. Wir beginnen mit einem beinahe monochromen Bild, bei dem das Problem der Farbmischungen auf ein Minimum reduziert ist, und schließt mit einem aufwändigen Gemälde ab. So machen Sie sich nach und nach mit den unterschiedlichen Abläufen vertraut, die jedes Thema hinsichtlich der Farbe, der Leuchtkraft und der Formen erfordert. Alle Arbeiten in diesem Kapitel können an einem einzigen Tag durchgeführt werden, was nicht heißt, dass sie auf Anhieb gelingen. Das ist jedoch kein ernstes Problem, da man mit Ölfarben jederzeit verbessern und übermalen kann. Von dieser Möglichkeit machen alle Anhänger dieses Malverfahrens gerne Gebrauch.

◆

Die Arbeitsweise mit Ölfarben ist ganz einfach: Man beginnt mit dem geringeren Allgemeinen und schließt mit den vielen Details ab.

◆

Auf den folgenden Seiten finden Sie eine Reihe von Übungen, anhand derer Sie die Grundtechniken der Ölmalerei kennenlernen können.

Von der Skizze zum Bild

Der erste Schritt bei der Anfertigung eines Ölgemäldes besteht aus der Vorzeichnung. Diese kann nur wenige, abstrakte Striche enthalten oder das Thema minutiös darstellen. Normalerweise besteht die Eingangszeichnung aus einer ziemlich ausgearbeiteten Skizze, die das nachfolgende Malen erleichtert. Sie darf jedoch nicht so detailliert sein, dass die Striche den Vorrang über die Farbe erhalten. Gewöhnlich verwendet man dafür Zeichenkohle, auch wenn einige Maler lieber direkt mit Farbe arbeiten. Kohle ist geeigneter, weil man damit so lange korrigieren kann, bis man eine brauchbare Zeichnung erhalten hat. Auf deren Grundlage erfolgen die allgemeine Anlage und Anpassung der Farben sowie die Lösung der Details. Im Folgenden erklären wir die wichtigsten Stadien zur Anfertigung eines Ölgemäldes.

MATERIAL
- Leinwand oder bespannte Malpappe
- Zeichenkohle
- Breiter Borstpinsel
- Flachpinsel mittlerer Größe

LÖSCHEN DER KOHLESTRICHE
Damit die Kohlestriche die Farbe nicht verschmutzen, muss man sie mit einem sauberen Lappen wieder auslöschen. Allerdings nicht ganz. Nach dem Wischen mit dem Lappen bleibt immer ein linearer Raster zurück, der mehr als ausreicht, um darauf zu malen.

1

1 Dies ist die Skizze. Eine Kohlezeichnung, bei der es nicht um die Ausarbeitung der Details geht. Man fertigt ein Grundschema des Themas an, das einem hilft, die Farbflächen korrekt anzulegen. Die Linien geben die Begrenzungen zwischen den Farbflächen an. Nachdem die Zeichnung fertig ist, löscht man die Kohlestriche weitgehend mit einem Lappen wieder aus, damit sie die Farben nicht verschmutzen.

DER FARBIGE FOND
Bei diesem Beispiel wurde das Bild auf einem blauen Untergrund angelegt. Dieser besteht aus einer schlichten Farbschicht, die auf die Leinwand getragen wird, um die allgemeine Farbgebung zu verbessern. Manche Künstler malen lieber auf einem farbigen Fond, um das grelle Weiß der Leinwand zu vermeiden.

ERFORDERLICHE TECHNIKEN
- Vorzeichnung
- Verdünnte Farben
- Pastose Farben

2

2 Das zweite Stadium besteht aus der allgemeinen Anlage der Farben. Die Ölfarbe wird stark verdünnt, damit der Pinsel mühelos über die Leinwand gleitet. Man arbeitet mit dicken Pinseln, die große Flächen abdecken. Die Pinselstriche sind in diesem Stadium stärker sichtbar als die Details. Wir decken die ganze Leinwand mit Farbe ab, um einen allgemeinen Eindruck des Bildes zu erhalten.

3 Die Pinselstriche bedecken jetzt nicht nur die Leinwand. Sie richten sich vielmehr nach den Formen des Themas. Bei der Hose gibt die Verteilung der Striche (mit dem Flachpinsel) zum Beispiel die Falten innerhalb des Stoffs sowie die allgemeine Form des Kleidungsstücks an.

FARBE UND ZEICHNUNG

Während des Malens konkretisiert die Farbe die Zeichnung und schafft Details. Sie modifiziert die Umrisse und hebt die Formen hervor. Die Farbe zeichnet also ebenfalls und stützt sich dabei auf das vereinfachte Eingangsschema des Themas.

3

4

4 Das vorige Stadium wird fortgesetzt, bis alle Formen perfekt dargestellt sind und die Farben innerhalb der Begrenzungen der Zeichnung stimmen. In diesem Stadium muss man mit mehr Paste arbeiten und Farbe ansammeln, um das Volumen auszuarbeiten und eine dichte Oberfläche zu erhalten.

Das Schattieren

Schattieren bedeutet, den gemalten Formen Volumen zu verleihen oder, anders ausgedrückt, dreidimensionale Formen auf einer zweidimensionalen Fläche darzustellen: der flachen Leinwand. Das Schattieren stellt daher eine Grundtechnik für jede Arbeit mit Ölfarben dar. In der Praxis erfordert es das Aufhellen oder Abstumpfen der Farben entsprechend dem Spiel von Licht und Schatten. Wegen Mischfähigkeit erleichtern die Ölfarben dieses Schattieren wie kein anderes Medium. Um das Verfahren so deutlich wie möglich zu machen, folgt jetzt eine Übung mit einer Gipsstatue als Modell. Die weiße Statue ist so beleuchtet, dass sich unterschiedlich starke Schatten ergeben. Wir malen ausschließlich mit Schwarz und Weiß (und Blau für den Fond). Neben der Demonstration, wie man mit dem Helldunkel modelliert, gibt diese Übung darüber hinaus einen sehr detaillierten Überblick über die charakteristische Vorgehensweise für jedes Ölbild.

Diese Statue aus Feingips entspricht denen, die man in den Kunstakademien verwendet, um zeichnen und malen zu lernen. Bevor man mit Farbe arbeitet, muss man lernen, die Formen zu modellieren, die Töne abzustufen und ein Gefühl von Volumen zu erzeugen.

1 Bei solch einer Komposition ist die detaillierte Vorzeichnung von entscheidender Bedeutung. Die Form der Statue muss perfekt dargestellt sein, bevor man beginnt zu malen. Mit Zeichenkohle kann man so lange wie nötig verbessern und muss weiterarbeiten, bis alle Formen die korrekten Proportionen aufweisen. Nach Abschluss der Zeichnung entfernt man den Kohleüberschuss mit einem Lappen.

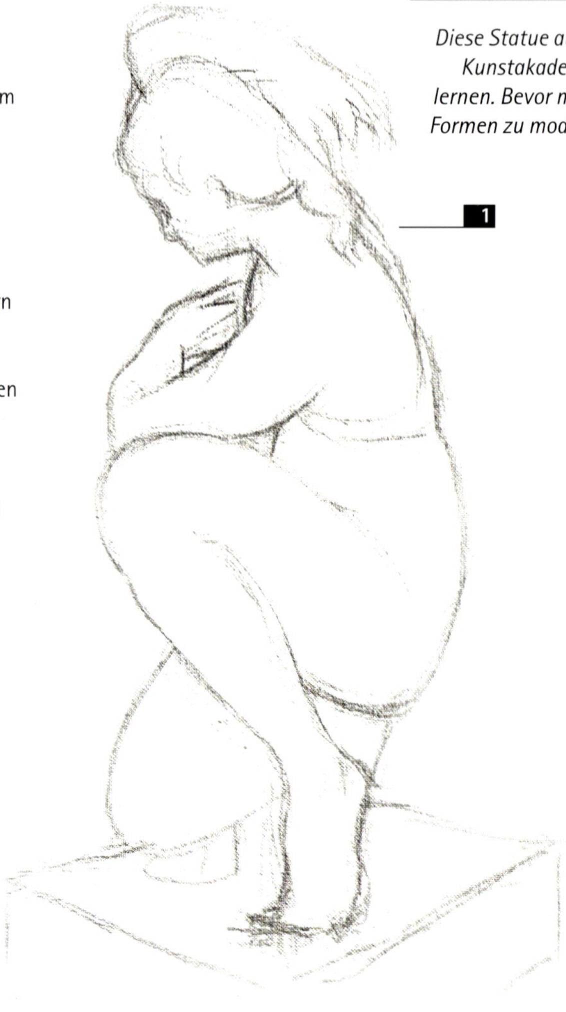

MATERIAL
- Leinwand oder bezogene Malpappe
- Zeichenkohle
- Ein mittlerer Flachpinsel und ein dünner Rundpinsel
- Farben: Titanweiß, Elfenbeinschwarz und Ultramarinblau

ERFORDERLICHE TECHNIKEN

◆ Vorzeichnung ◆
◆ Allgemeine Farbanlage ◆
◆ Schattieren mit Grautönen ◆

2

2 Hier die erste allgemeine Anlage der Farben auf der weitgehend ausgelöschten Vorzeichnung. Wir arbeiten mit stark verdünntem Schwarz und Blau, sodass die Wirkung eher einem Aquarell entspricht. Das muss zu Beginn jedes Werkes so sein.

3 Die Untermalung dient als erster Anhaltspunkt für die hellen und dunklen Flächen und deutet gleichzeitig die schattigsten Stellen an. Auf dieser Grundlage mischt man Schwarz und Weiß, um die Grautöne für die Ausarbeitung der Formen zu erhalten. Die hellen und die dunklen Striche werden auf die Leinwand getragen und durch Reiben des Pinsels verschmolzen.

4 Bevor wir mit dem Schattieren fortfahren, legen wir den Hintergrund an. Der dunkle Fond ist ein guter Anhaltspunkt für die Kontraste und sorgt dafür, dass man deutlich erkennt, welche Flächen wie stark schattiert werden müssen.

3

AUFHELLEN UND ABDUNKELN

Ölfarben ermöglichen viele Mischungen. Bei anderen Malverfahren muss man vorab ermitteln, welche Farbe man als erste aufträgt, da man den Ton anschließend nicht mehr aufhellen kann. Mit Ölfarben kann man von hell nach dunkel und umgekehrt arbeiten. Dennoch ist es ratsam, die Leinwand zu Beginn nicht zu stark abzudunkeln, um die Farben anschließend nicht systematisch aufhellen zu müssen.

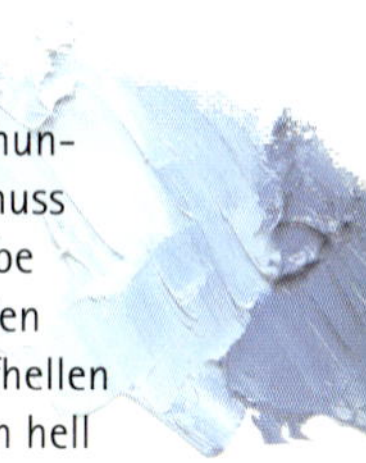

4

5 Von nun an verstärken wir nach und nach die Schatten und stellen die hellen Flächen durch Auftragen von Weiß wieder her. Es ist ratsam, nicht zu viel Schwarz zu verwenden, da man leichter abdunkeln als aufhellen kann. Man muss also geduldig arbeiten, mit einem hellen Ton beginnen und langsam zu den dunkleren fortschreiten.

5

Schattieren erzeugt Volumen

Durch Schattieren erzeugt man Volumen und damit das, was für die Darstellung am wichtigsten ist: die Räumlichkeit. All das geschieht aufgrund des Lichts, das die Schatten auf den Volumen erzeugt. Wegen des Lichts können wir modellieren und den Eindruck erwecken, dass einige Formen entfernter sind als andere und Körper besitzen, also einen Raum einnehmen. Auf dieser Doppelseite sehen Sie, wie das Schattieren weitergeht, nachdem die allgemeine Anlage von Licht und Schatten erfolgt ist. Jetzt gilt es, die Schwarzweißmischungen abzustufen.

◆

Schattieren erzeugt Volumen und ein Gefühl von Räumlichkeit aufgrund des Spiels von Licht und Schatten.

◆

LICHT UND SCHATTIERUNG
Das Schattieren ist eine Methode, das Volumen zu beschreiben, welches sich ausschließlich durch das Vorhandensein von Licht und Schatten bemerkbar macht. Letztlich bestimmt das Licht die Form und die Verteilung der Volumen der festen Körper. Je nach Licht und dessen Einfall gibt es viele Darstellungsformen für ein und denselben Körper.

6

7

6 Nun verwenden wir erheblich dickere Farbe. Sie soll nicht klumpig sein, sondern pastos genug, um die Leinwand abzudecken, erforderlichenfalls Mischungen darauf zu tätigen sowie die Töne zu verschmelzen und abzustufen.

7 Je weiter die Schattierung fortschreitet, desto durchgehender werden die Flächen und desto natürlicher und logischer erfolgen die Übergänge von Licht und Schatten. Unsere Aufgabe besteht darin, dafür zu sorgen, dass die hellen Töne ohne Farbbrüche mit den dunklen verschmelzen. Das gilt allerdings nicht für die dunklen Stellen innerhalb der Wurfschatten.

8

9

8 Hier der Beweis dafür, dass sich Ölfarben mühelos korrigieren lassen. Mit einem einzigen dicken weißen Pinselstrich, der den oberen Abschnitt der Schulter abdeckt und den vorigen Schatten beseitigt, kehrt man zum Anfang des Schattierens zurück.

9 Nach und nach erhalten alle Teile der Statue ein einheitliches Aussehen. Das Volumen wird wahrhaftiger, und die Statue beginnt, einen Raum innerhalb der Darstellung einzunehmen. Dies geschieht aufgrund der Verschmelzungen von Weiß und Schwarz, welche die Formen abrunden.

10 Hier wurden der untere Abschnitt der Beine und der Fuß modelliert. In Wirklichkeit handelt es sich erst um den Anfang des Schattierens einer Fläche, die noch die Farbflecken der ersten Untermalung zeigt.

10

DICKE FARBE:
ERST WENIG, DANN MEHR

Die Dichte und die Pastosität der Ölfarbe ist eine große Hilfe, wenn man einen Ton mit einem anderen abdecken will: Der untere Ton scheint nicht durch und wird vollständig ausgelöscht. Allerdings darf man dieses Verfahren nicht übertreiben. Arbeitet man viele Stunden mit reiner Farbe aus der Tube, kann sich das Bild in einen Farbsumpf verwandeln. Man muss die Dichte nach und nach verstärken und wann immer möglich mit dünnen Farbschichten arbeiten.

Wann ein Bild beenden?

Eines der Dilemmas jedes Malers ist das Problem, wann er ein Bild beenden soll. Die Antwort auf diese Frage ist schwierig, da der Abschluss von der Wirkung abhängt, die der Künstler erzielen will. Grundsätzlich kann man sagen, dass ein Bild abgeschlossen ist, wenn alle seine Teile eine gute Ausarbeitung erhalten haben und keine Stelle unfertiger wirkt als die übrigen. Bei dieser Übung betrachten wir das Werk als beendet, wenn alle Formen der Statue gleichmäßig abgerundet sind.

11

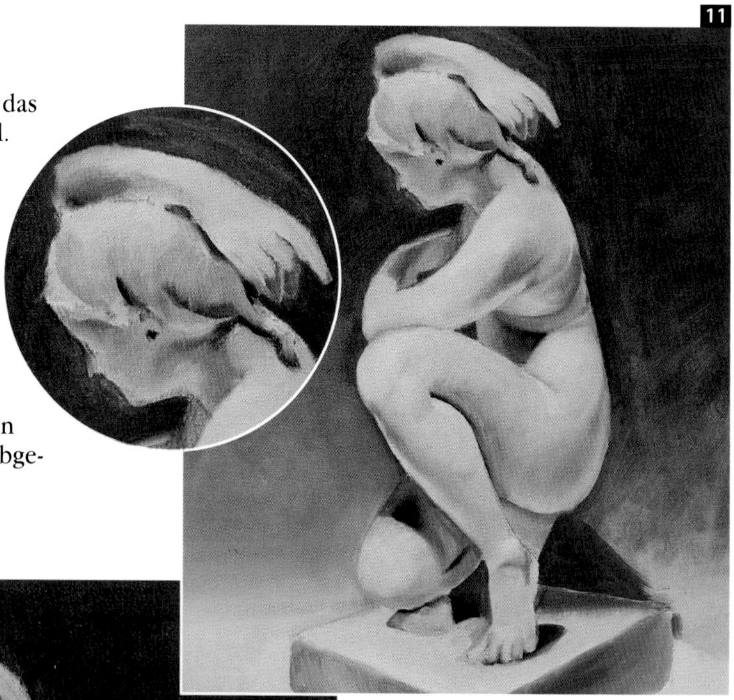

12

11 Vergleichen wir diese Abbildung mit der folgenden, erkennen wir, welche Stellen des Bildes noch retuschiert werden müssen. Das Haar gehört dazu. Die Schattierung gibt keinen Eindruck vom Relief der Frisur. Die zweite Retuschierung betrifft den Hintergrund: Die Abstufung von dunkel nach hell ist nicht weich und homogen genug.

ABSTUFUNG MIT REINER FARBE
Ölfarben kann man durch Zugabe eines Verdünners abstufen, aber auch durch Zugabe einer weißen Farbschicht, wie diese Übung zeigt

12 Die Modellierung des Haars wurde mit weiteren Schatten abgeschlossen, welche die Locken andeuten. Der Hintergrund passt jetzt besser zur Figur, da die Pinselspuren verschwunden sind und der Übergang von dunkel nach hell weich und geschmeidig ist. Die erwünschte Wirkung ist erreicht: Volumen, Räumlichkeit und die Wiedergabe der drei Dimensionen.

Schattieren mit Farbe

Schattieren kann man auch mit Farbe. Tatsächlich modellieren alle Maler eher als dass sie malen, um das in der vorigen Übung genannte Ziel zu erreichen, also eine gute Darstellung des Raums. Die besten Ergebnisse beim Schattieren mit Farbe erhält man mit einer reduzierten Skala. Einer Skala ähnlicher Farben, mit denen man völlig natürlich (wie mit Weiß und Schwarz) von hell bis dunkel schattieren kann. Mit sehr kontrastreichen Farben wäre das nicht möglich. Damit könnte man nicht behutsam von einer Nuance zur anderen übergehen. Sehen wir nun, wie man ein Thema mit einer erdigen Skala ausarbeitet, die sich aus Siena und gebrannten Brauntönen zusammensetzt, zu denen helle, lebhafte Farben als notwendiger Kontrast kommen.

Die Farben dieses Stilllebens lassen sich mit einer sehr reduzierten Skala wiedergeben. Eine warme Skala aus Siena, Ocker und Erdfarben mit kräftigem Rot und Weiß als wichtige Kontraste.

◆

Die besten Ergebnisse erhält man, wenn man eine reduzierte Farbskala verwendet.

◆

MATERIAL

- Leinwand oder bespannte Malpappe
- Zeichenkohle
- Dünner und mittlerer Rundpinsel
- Reduzierte Farbskala

1 Die Vorzeichnung für dieses Thema ist sehr einfach gehalten. Die Umrisse sind unkompliziert und erfordern keine exakte Darstellung. Eine schlichte Kohlezeichnung reicht aus, die nach Fertigstellung mit einem Lappen „ausradiert" wird.

1

2

BENUTZTE FARBSKALA

Die Farbpalette für die Anfertigung dieses Bildes besteht aus folgenden Farben: Titanweiß, Kadmiumgelb mittel, Kadmiumgelb orange, Kadmiumrot, Siena gebrannt, Permanentgrün und Umbra gebrannt.

ERFORDERLICHE TECHNIKEN

◆ Vorzeichnung ◆
◆ Allgemeine Farbanlage ◆
◆ Schattieren mit Farbe ◆

2 Nachdem die Striche mit einem Lappen abgewischt worden sind, ziehen wir die Hauptlinien der Zeichnung mit verdünntem Siena nach. Dieser Schritt muss mit einem dünnen Rundpinsel erfolgen.

Nuancen ähnlicher Töne

Wie wir bereits bei der Schwarzweiß-Übung gesehen haben, besteht das Geheimnis des Schattierens in der guten Abstufung der hellen und dunklen Töne innerhalb ein und derselben Tonalität. Bei der vorigen Übung bestand diese Tonalität aus Grau. Bei diesem Thema handelt es sich um Siena, was ein sehr warmes, orangenfarbenes Erscheinungsbild ergibt. Das zu lösende Problem besteht aus der Darstellung des Volumens der Granatäpfel, die hellere und dunklere (und rötere) Töne aufweisen als die dominierende Skala.

◆

Die allgemeine Tonalität dieses Stilllebens ist Siena, das dem Bild eine sehr warme Farbgebung verleiht.

◆

RÖTLICHE MISCHUNGEN
Rot ist eine wichtige Farbe für dieses Bild. Seinetwegen verliert die Koloration der Granatäpfel ihren erdigen Ton ein wenig und wird feuriger. Offensichtlich ist die Farbe nicht ganz rein, sondern muss mit Siena und Gelb kombiniert werden (und eventuell mit Weiß aufgehellt). Auf diese Weise fügt sie sich natürlich in die dominierende Skala ein, mit der das Thema ausgearbeitet wird.

3

3 Die erste Anlage der Farben hält sich an die Grundlinien der Zeichnung. Es handelt sich um eine beinahe monochrome Kolorierung aus der Mischung von Siena und Orange, aus der nur der Kontrast des Grüns einiger Blätter und die dunklen Töne des Fensters hervorstechen.

4 Für die Granatäpfel benötigen wir Mischungen aus Siena, Weiß und Gelb. Diese Farben entsprechen den hellsten Stellen und dienen als Grundlage für das spätere Schattieren der Früchte mit Rottönen.

DER FALSCHE GEBRAUCH VON WEISS
Wie bereits in dem Kapitel über die Grautöne erwähnt, schadet der falsche Gebrauch von Weiß und Schwarz den Farben. Um die rötlichen und orangenfarbenen Nuancen dieses Stilllebens zu erhalten, muss man Siena in die anderen Farben aufnehmen. Weiß verwendet man nur, wenn es unbedingt erforderlich ist.

4

5

5 Das Stillleben ist inzwischen vollständig mit Farbe bedeckt, und die Granatäpfel sind mit unterschiedlichen Rottönen nuanciert. Jetzt werden die kleinen Kerne mit Tupfern derselben Farbe angelegt. Die Form entsteht wie von allein durch den Abdruck des dünnen Rundpinsels.

6

7

6 Wir kehren noch einmal zu den Granatäpfeln zurück und schattieren sie mit geschwungenen roten Pinselstrichen, welche die Form der Früchte abrunden. Bei dieser Arbeitsweise drückt man die Farbe und die Form gleichzeitig aus.

7 Das Bild ist bereits weit fortgeschritten. Die dominierende rötliche Farbgebung ist kein Hindernis für erhebliche Kontraste. (Das Grün der Blätter und die hellen Nuancen rings um die Kerne sind die wichtigsten). Diese sind erforderlich, um dem Werk Leben zu verleihen.

Die Abschlussarbeiten

Die Abschlussarbeiten bestehen hier aus der Präzisierung des Reliefs der Früchte. Eine übermäßige Hingabe an das Detail würde dem Gesamtbild und der Klarheit der Volumen schaden. Eine Möglichkeit, dieses Gesamtbild zu betonen, besteht darin, die Farbe des Tellers zu nuancieren, damit sich die Blätter so kraftvoll und deutlich wie möglich abheben. Wie bereits erwähnt, beruht das Ende weitgehend auf der eigenen Intuition, jenem sechsten Sinn (der sich mit der Praxis entwickelt), der uns sagt, dass nichts mehr zu tun ist, und wir das Werk als fertig betrachten können.

DIE FARBE DES TISCHES
Die Farbgebung des Tisches ist ein Schlüsselelement für die korrekte Darstellung des Werkes. Die Farbe darf nicht zu dunkel sein, weil der Kontrast mit den Blättern und Früchten zu stark wäre und diese sich fremdartig abheben würden. Er darf aber auch nicht zu hell ausfallen, weil sich der Ton dann mit den hellsten Stellen der Granatäpfel mischen würde. Die korrekte Farbgebung hebt die Kontraste hervor, ohne die Formen zu isolieren.

8

8 Hier sehen wir, wie man das Weiß des Tellers nuanciert, nachdem die Granatäpfel praktisch abgeschlossen sind. Wir mischen Weiß mit etwas Umbra gebrannt und ziehen es mit dem Pinsel aus. Die entstehenden Grautöne unterstreichen den Kontrast mit den Blättern, betonen die runde Form des Tellers und verleihen der Darstellung mehr Leben.

9

9 Das fertige Bild. Die Darstellung der Nüsse erfolgte mit leichten Tupfern aus Siena plus Umbra gebrannt, das mit Weiß aufgehellt wurde. Die letzten Retuschen des übrigen Bildes betreffen die Hervorhebung der Umrisse der einzelnen Formen, ohne die allgemeine Harmonie aus gebrannten Farben zu brechen.

Malen mit Vollfarben

Malt man Themen, die die Verwendung der gesamten Palette oder so kontrastreiche Farben wie möglich erfordern, spielt das Schattieren eine untergeordnete Rolle. Die Formen werden nicht durch Schattieren definiert, sondern durch Farbkontraste. Je stärker diese Kontraste sind, desto weniger Farbabstufungen sind erforderlich, weil die reinen Farben nicht mehr rein sind, wenn man sie mit Weiß oder Schwarz mischt. Das Thema, das wir nachfolgend untersuchen, stützt sich hauptsächlich auf Farbkontraste. Um es zu einem guten Abschluss zu bringen, muss man trotzdem die Technik des Schattierens kennen: Hier um das Volumen der Papageien auszudrücken.

MATERIAL

- Leinwand oder bespannte Malpappe
- Zeichenkohle
- Ein dünner Rundpinsel und zwei mittlere Flachpinsel
- Farben: Zinnober, Siena gebrannt, Gelb zitron, Lichter Ocker, Chromoxidgrün, Grüne Erde, Umbra gebrannt, Weiß und Schwarz

Wir werden kaum ein koloristischeres Thema finden als diese beiden Papageien, die auf einem Ast sitzen. Das Rot der Körper und das Blau und das Grün der Flügel bestehen aus reinen, saturierten Farben, die eine direkte Behandlung ohne viele Nuancen erfordern. Diese Nuancen dürfen auf keinen Fall abgestuft werden.

1

1 In die Vorzeichnung mit Kohle können wir einige Schatten aufnehmen, wenn wir möchten. Dies ist allerdings nur eine Vorbereitung, ein „Aufwärmen", bevor wir mit der Farbe beginnen, denn die Schatten werden wieder verschwinden. Wichtig ist, dass wir eine gute Komposition der beiden Papageien erhalten.

2

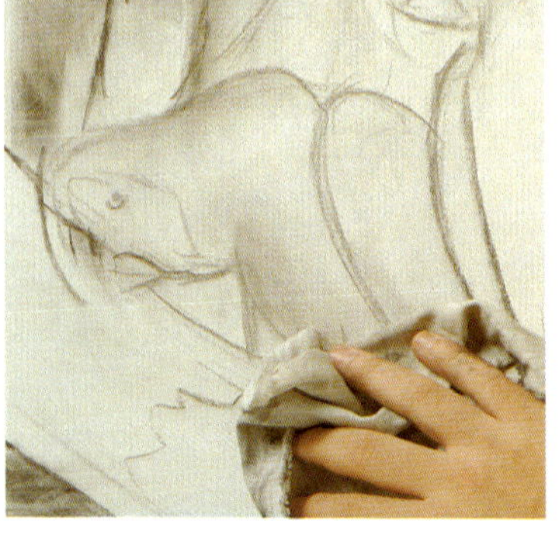

2 Nachdem die Zeichnung abgeschlossen ist, mildern wir die Linien mit einem Lappen, damit sie die Farben nicht verschmutzen. Nachdem wir die Striche und Schatten entsprechend bearbeitet haben, reichen die verbleibenden Linien völlig aus, um uns eine Orientierung für das Bild zu geben.

3

3 Zahlreiche Künstler fahren jetzt wie folgt fort, bevor sie zu malen beginnen. Sie ziehen die Linien mit einer neutralen Farbe nach, um die Vorzeichnung zu festigen und den Hauptlinien größeres Gewicht zu verleihen. In diesem Fall verwenden wir stark verdünntes Siena gebrannt, damit der Pinsel gut gleitet.

ERFORDERLICHE TECHNIKEN

◆ Vorzeichnung ◆
◆ Allgemeine Farbanlage ◆
◆ Schattieren mit Farbe ◆
◆ Farbkontraste ◆

Malen mit reinen Farben

Wenn wir mit sehr lebhaften Farben malen wollen, sollten wir diese von Anfang an auftragen und nicht mit gedämpfteren Tönen beginnen (wie wir es bei der Übung mit Grautönen getan haben). Auf diese Weise können wir die Farbenharmonie von Beginn an beurteilen und erforderlichenfalls Veränderungen vornehmen. Das heißt: Wir müssen schon für die allgemeine Farbanlage reine Töne verwenden, allerdings ausreichend verdünnt, um die Leinwand nicht vom ersten Moment an mit Impastos zu belasten.

4

4 Für die erste Farbanlage tragen wir Zinnober auf die Körper der Papageien. In diesem Stadium ist es normal, dass die eine oder andere Panne entsteht wie jene, welche die Abbildung zeigt. Wegen der zu großen Verdünnung hat die Farbe zu laufen begonnen und einen Streifen auf der Leinwand hinterlassen, den man einfach mit einem Lappen abwischen kann. Der zurückbleibende Fleck wird von den späteren Farben abgedeckt.

5

5 Die erste Farbanlage muss das gesamte Werk umfassen. Dabei ist es nicht übermäßig wichtig, ob die Farben genau die Formen einhalten. Entscheidend ist, dass man die allgemeine Wirkung erhält, eine Gesamtsicht, nach der man alle Faktoren des Bildes ausrichten kann.

6

6 Das Zinnober wird ohne Nuancieren und Schattieren aufgetragen. Eine Ausnahme bilden die Füße, die im Schatten liegen und abgedunkelt werden müssen, damit die Farben des Papageis nicht völlig flach wirken. Den dunklen Ton erhalten wir, indem wir Umbra gebrannt in das Zinnober mischen.

DIE ROTTÖNE
Es gibt zahlreiche Rottöne, und es lohnt sich, mehrere davon zu verwenden, wenn man die Farben rein halten und dennoch mit unterschiedlichen Nuancen malen möchte. Hier benutzen wir Zinnober (helles, lebhaftes Rot) und Kadmiumrot (tiefes Rot).

7 In diesem Stadium erkennt man, dass die reinen Farben (das Rot des Federkleides und das Blau und das Gelb der Flügel) kaum nuanciert sind, während der Hintergrund erheblich graustichiger ist und mit Schwarz und Weiß aufgehellt bzw. abgedunkelt wurde (neben dem unerlässlichen Grün, um die geeignete Nuance zu erhalten).

8 Das Rot enthält sehr wenig Nuancen und vor allem keine Abstufungen mit Schwarz. Mischungen mit Schwarz verschmutzen den Ton und ruinieren ein Bild. Dennoch ist das Rot nicht völlig flach. Die Farbe wurde durch Zugabe von Kadmiumrot und Umbra gebrannt in hellere und dunklere Töne verwandelt.

7

8

MISCHUNGEN MIT ROT
Die untere Abbildung zeigt einige Farbflecken, die zur Komposition des roten Federkleides gehören. Die drei untereinander liegenden Flecken bestehen aus Kadmiumrot (oben), Zinnober (Mitte) und Umbra gebrannt (unten). Der Fleck außerhalb zeigt mit Weiß aufgehelltes Zinnober. Das Rosa entspricht dem hellsten Ton des Federkleides.

Vereinfachung der Details

Wenn man mit sehr intensiven Farben malt, sind Details hinderlich, denn sie erfordern Nuancen und Kontraste, die ihrerseits die Farbkraft schwächen. Im letzten Stadium dieser Übung geht es darum, den Hintergrund aus Pflanzen zusammenzufassen und ihn zu kaum mehr als einem Fond zu reduzieren, auf dem sich das Federkleid der Papageien lebhaft abhebt.

9

10

9 Der Ast, der bisher nur aus einem allgemeinen grauen Farbton besteht, muss mit Grautönen nuanciert werden (wie wir es von der Übung mit der Statue kennen), wobei der mittlere Abschnitt für den Ockerton ausgespart wird.

10 Im fertigen Bild erkennen wir, dass der Hintergrund so zusammengefasst wurde, das er wie ein Vorhang oder Fond ohne Details bzw. Einzelheiten wirkt. Auf diese Weise treten die Farben der tropischen Vögel in ihrer ganzen Pracht hervor.

Tonwertbestimmung einer Landschaft

Die Ermittlung der Tonwerte ist eine weitere Methode des Schattierens. Sie bedeutet die Schaffung von Relief mit Hilfe von Tonwertkontrasten. Während wir zuvor das Schattieren ausschließlich mit Grau und anschließend mit Farbe untersucht haben (wobei reinere Kontraste entstehen als bei der Abstufung der Töne), befassen wir uns jetzt mit der Technik der valoristischen Malweise für ein Werk mit unterschiedlichen Farben, die einzeln nuanciert und schattiert werden müssen, um Volumen zu erzeugen. Unser Thema ist eine Landschaft, der Blick auf ein Dorf. Es enthält feste Volumen aller Art und erleichtert die Tonwertbestimmung der Farben, die zu der Komposition gehören, die wir jetzt darstellen wollen.

Dieses Dorf oben auf dem Felsen ist ein ideales Motiv für eine Malerei mit Hilfe von Tonwerten. Es gibt keine intensiven, saturierten Farbflächen. Allerdings kann man auch nicht von einer homogenen Farbgebung des gesamten Panoramas sprechen. Man erkennt sehr unterschiedliche Tönungen, die übereinstimmend mit den übrigen dargestellt werden müssen.

MATERIAL

- Leinwand oder bespannte Malpappe
- Zeichenkohle
- Mittlere Malerbürste und zwei mittlere Flachpinsel
- Komplette Farbskala

1 Die Kohlezeichnung ist in diesem Fall verhältnismäßig stark detailliert und enthält sowohl die Häuser als auch zahlreiche Tür- und Fensteröffnungen innerhalb der Fassaden. Jede Fläche wird mit einfachen Strichen korrekt begrenzt.

1

FELSEN UND ARCHITEKTUR

Die Kombination von Felsen und Gebäuden ist immer malerisch und voller künstlerischer Möglichkeiten. Felsen sind eine Art natürliche Architektur, die mit der menschlichen Architektur kontrastiert und gleichzeitig für Harmonie mit ihr sorgt.

2

2 Nachdem wir den Kohleüberschuss mit einem Lappen entfernt haben, überarbeiten wir die Zeichenlinien mit ziemlich verdünnter Farbe. In diesem Fall wählen wir Karmin. Bei unserer Arbeit mit der Pinselspitze deuten wir auch einige Schatten in den Bäumen an.

DAS PROBLEM MIT DEN WEISSEN TÖNEN
In einem Ölgemälde wirken reinweiße Flächen häufig hart und ausdruckslos. Benötigt man diese Farbe unbedingt, ist es ratsam, das Weiß mit einer winzigen Spur einer anderen Farbe zu „brechen".

Fortschreiten des Ganzen

Wir wissen bereits, dass ein Ölgemälde als Ganzes fortschreiten muss, ohne dass einzelne Teile stärker bearbeitet werden als andere. Hier eine gute Gelegenheit, dies in der Praxis zu üben: Man malt eine Fläche, geht darauf zur folgenden über und behält immer das Ganze im Auge. Jeder Pinselstrich verändert den Gesamteindruck. Was zuvor gut gelöst schien, kann plötzlich missverständlich wirken. Es handelt sich also um einen ständigen Verbesserungsprozess. Ist der Himmel sehr stark ausgearbeitet, wirkt er unpassend gegenüber der restlichen Komposition und muss retuschiert werden. Wirkt eine Farbe hell, kann sie sich durch Hinzufügen einer noch helleren dunkler wirken etc.

◆
Die Entwicklung eines Ölgemäldes ist ein ständiger Anpassungsprozess der Farben und der Formen.
◆

3

3 Die dominierende Nuance der ersten Farbanlage liegt zwischen Ocker und Siena, die in fast allen Farben des Themas auftauchen. Beachten Sie, dass der Himmel neue Farbflecken erhalten hat: Gelb und Karmin. Wegen des hohen Anteils an Verdünner erinnert das Ergebnis an ein Aquarell. Diese beiden Farben müssen sich in die allgemeine Farbgebung des Himmels aus dichterer Farbe integrieren.

4 Das Siena der ersten Farbanlage wurde mit dunkleren Schatten verstärkt, sodass die Volumen einiger wichtiger Gebäude wie die Kirche besser hervortreten. Bei einigen Häusern wurde das Weiß der Leinwand ausgespart, um die Leuchtkraft ihrer Farbe zu erhalten. Diese weißen Flächen werden später nuanciert, um nicht zu schrill zu wirken.

4

ERFORDERLICHE TECHNIKEN

◆ Vorzeichnung ◆
◆ Allgemeine Farbanlage ◆
◆ Farbkontraste ◆
◆ Tonwertbestimmung ◆
◆ Aufbauende Pinselstriche ◆

5 Diese Abbildung zeigt, wie die erste Farbgebung des Himmels mit unterschiedlichen Tönen in Blau, Rosa und Hellgelb nuanciert wurde (stark mit Balsamterpentin verdünnt). Es handelt sich um eine echte Bewertungsarbeit. Das Thema wird mit unterschiedlichen Farbnuancen dargestellt.

5

6

6 Der Augenblick ist gekommen, die weißen Flächen zu nuancieren (die mit den hellsten Hausfassaden übereinstimmen). Beim Anlegen des Weiß decken wir gleichzeitig einige Flecken ab, die durch die flüssige Farbe zu Beginn entstanden sind. Wir stellen das reine Weiß der Kalkfassaden wieder her, die einen deutlichen Kontrast zu der übrigen Farbgebung bilden.

7

7 Hier das fertige Bild. Es ist ein ziemlich aufwändiges Werk, reich an Farben und Nuancen. Abgesehen von den grünen und blauen Kontrasten, beschränken sich alle Farben auf Modulationen innerhalb einer ähnlichen Harmonie.

DAS BLAU DER SCHATTEN

Die Impressionisten entdeckten, dass alle Schatten Blau enthalten. Damit erreichten sie einen unvergleichlichen Farbenreichtum in ihren Werken. Verwenden Sie, wenn immer möglich, Blau in den Schatten der Landschaft (Malve, Hellviolett und ähnliche Nuancen).

Farbimpastos

Die folgende Übung werden wir mit Farbimpastos lösen, also mit der fortschreitenden Ansammlung von Farbe, die ein auf übliche Weise begonnenes Projekt bereichern. Impastos können vom ersten Moment an vorhanden sein und werden mit dem Spachtel oder dicken Pinseln aufgetragen. Üblicher ist allerdings, dass der Maler sie nach und nach anlegt und dabei dem logischen Rhythmus des Themas folgt. Wir beginnen mit ziemlich verdünnten Nuancen und nehmen in dem Maße mehr Farbe auf, wie sich das Motiv konkretisiert. Bei dieser Arbeitsweise bildet die Eingangsuntermalung einen sicheren Führer für die wachsende Dichte der Farbschicht.

Eine Landschaft wie diese, die von der Form des Baums im Vordergrund dominiert wird, kann nur schwer mit einem Spachtel dargestellt werden. Die Details der Äste und das komplizierte Spiel von Licht und Schatten erfordern die wesentlich präzisere Arbeit des Pinsels. Impastos kommen ab den Zwischenstadien des Bildes hinzu.

MATERIAL
- Leinwand oder bespannte Malpappe
- Zeichenkohle
- Dünner Rundpinsel
- Zwei mittlere Flachpinsel
- Komplette Farbskala

1 Die Eingangszeichnung mit Kohle enthält die Hauptmerkmale der Äste und des Laubs und legt die wichtigsten Massen des Baum (Stamm und Krone) in den richtigen Proportionen zum Format der Leinwand fest.

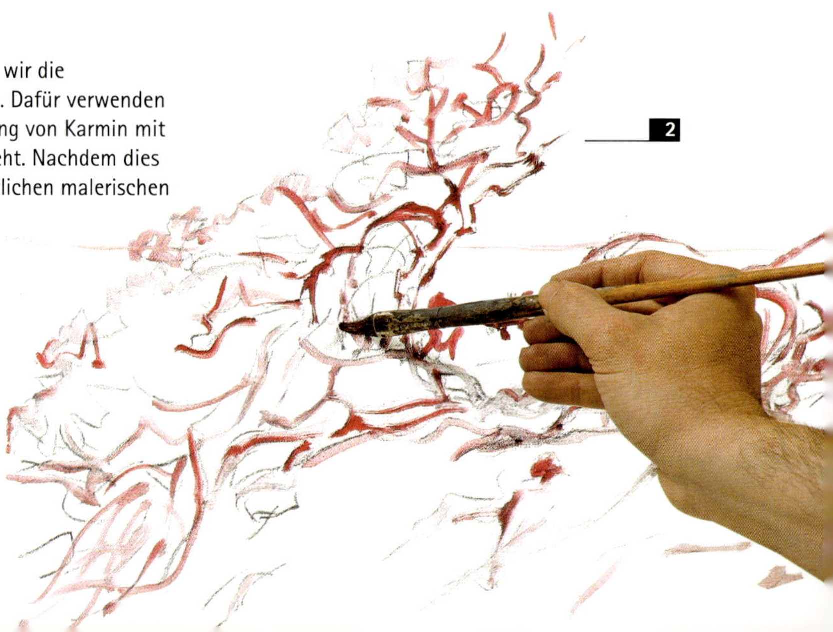

2 Mit einem dünnen Rundpinsel ziehen wir die Hauptlinien der Kohlezeichnung nach. Dafür verwenden wir eine dunkle Farbe, die aus der Mischung von Karmin mit einer kleinen Menge Ultramarinblau besteht. Nachdem dies geschehen ist, können wir mit dem eigentlichen malerischen Verfahren beginnen.

ERFORDERLICHE TECHNIKEN

◆ Vorzeichnung ◆
◆ Allgemeine Farbanlage ◆
◆ Ausarbeitung mit Farbe ◆
◆ Impastos ◆

VORBEREITUNG FÜR DIE IMPASTOS

Wenn man nicht mit dem Spachtel arbeitet, beginnt die Anfertigung eines Bildes immer mit der allgemeinen Anlage der Farben und deren fortschreitender Präzisierung. Nachdem die farblichen Beziehungen hergestellt sind, kann man wo nötig mit ziemlich dicken Pinselstrichen auf den zuvor angelegten Tönen mit den Impastos beginnen.

3

3 Erste allgemeine Farbanlage: Die beiden großen Flächen (Himmel und Erde) werden mit stark verdünnten Farben gemalt. Für den Himmel benötigen wir leicht mit Weiß aufgehelltes Ultramarinblau. Die Erde (einschließlich des Baums) besteht aus Karmin, das je nach Farbstärke der einzelnen Stellen abgedunkelt wird.

4

4 Auf die ersten Farbflecken legen wir die Lokalfarbe der einzelnen Elemente des Themas: Mit Siena abgestumpftes Grün für das Laub, Ocker für die hellen Stellen des Bodens, Siena gebrannt für die dunkelsten Stellen und mit Siena gemischte blaue Tupfer, um die dichtesten Schatten anzudeuten. Der Himmel besteht aus Nuancen von Ultramarinblau mit Weiß. Die Farbe muss immer noch ziemlich verdünnt werden.

5

5 Auf das vorige Farbschema können wir jetzt die Impastos legen. Wir arbeiten mit einem mittleren Rundpinsel ähnlich dem im vorigen Stadium, wobei die neuen Mischungen dem Ganzen etwas Vibrierendes verleihen. Die Farbe wird nicht mehr verdünnt.

6

6 Dies ist das Stadium des Bildes nach der Anlage der ersten Impastos mit dem Pinsel. Die Farbgebung ist wesentlich reicher. Jeder Pinselstrich fügt eine weitere Nuance zu den einzelnen Flächen der Komposition.

FARBTUPFER
Während der Anlage der Impastos wird die Farbschicht des Bildes mit jedem neuen Pinselstrich dichter. Diese Striche dürfen auf keinen Fall gezogen werden, damit sie die benachbarten Farben nicht verschmutzen. Jeder Strich besteht aus einem Farbtupfer, der auf eine bestimmte Stelle der Leinwand getragen wird.

7

7 Die letzten Farbtupfer legen wir mit einem dünnen Rundpinsel an. Dadurch können wir kleine Stellen malen, zum Beispiel den Himmel, der sich zwischen dem komplizierten Geflecht der Äste öffnet.

8 Das Endergebnis ist ein Werk mit reicher Farbgebung und großzügiger Struktur, die aus der Ansammlung pastoser Pinselstriche entstand, welche die Farbe interessanter machen, ohne sie durch Mischung übermäßig zu verschmutzen.

8

Der Wert des Pinselstrichs

Der Pinselstrich ist nicht nur eine Methode, Farbe aufzutragen, sondern auch Ausdrucksmittel der Malerei. Die Größe und die Richtung des Strichs können die Form ebenso aufbauen wie die Zeichnung, wenn nicht noch mehr. Vor allem, wenn man in einem schnellen, energischen Stil arbeitet, bei dem die Anlage der Farben und der Form praktisch in einem Schritt erfolgen. In den Eingangsstadien erzielen die Pinselstriche rasch eine allgemeine Wirkung des Ganzen, insbesondere bei Themen wie dieser Übung. Die Blätter der Pflanzen können anschließend bei der Präzisierung der Umrisse und Farben mit zarten Strichen angedeutet werden.

Ein Thema mit vielen Details, das auf zusammenfassende Weise dargestellt werden kann, wobei der Pinselstrich die Formen der Komposition aufbaut. Diese zusammengefasste Eingangsarbeit kann anschließend mit den herkömmlichen Mitteln der Ölmalerei vervollständigt werden.

MATERIAL
- Leinwand oder bespannte Malpappe
- Zeichenkohle
- Mittlerer Borstpinsel, zwei mittlere Flachpinsel und ein Spachtel
- Komplette Farbskala

1

1 Hier die Vorzeichnung mit Kohle. Beachten Sie, dass die Zeichnung nur den Topf mit der Blume enthält. Der Hintergrund wurde weggelassen, da die gesamten Blätter, aus denen die zweite Ebene besteht, mit kraftvollen Pinselstrichen improvisiert werden sollen.

2

2 Nachdem wir die Zeichenkohle mit einem Lappen abgewischt und die wichtigsten Linien mit ziemlich verdünnter Ölfarbe in Karmin nachgezogen haben, beginnen wir mit den Pinselstrichen. Wir verwenden einen breiten Borstpinsel, mit dem wir viel Ultramarinblau aufnehmen, um die Formen der Blätter bei der Anlage des Hintergrunds darzustellen.

ERFORDERLICHE TECHNIKEN

◆ Vorzeichnung ◆
◆ Allgemeine Farbanlage ◆
◆ Nuancierung mit Farbe ◆
◆ Tonwertanpassung ◆

Die Richtung des Pinselstrichs

◆

Die Pinselstriche können neben der Farbe auch die Form andeuten. Ihre Form und Größe bestimmen das endgültige Aussehen eines Werkes.

◆

Wenn man ein Bild mit lockeren Strichen malt, die neben den Farben auch die Formen andeuten, muss man darauf achten, dass nicht alle in eine Richtung weisen. Dies würde eine Sprenkelung ergeben, die das Thema verzettelt, anstatt es aufzubauen. Die Striche müssen in alle Richtungen gehen. Damit verhindert man Monotonie und deutet unterschiedliche Formen an, sodass sich nichts in der Komposition wiederholt. Beachten wir, dass die Pinselstriche nicht aus pastoser Farbe bestehen dürfen. Das wäre ein ernsthaftes Hindernis für den späteren Fortgang.

JE MEHR GRÜNTÖNE DESTO BESSER

Grün wirft manchmal das Problem der Monotonie auf. Alle Grüntöne scheinen gleich zu sein und einen kompakten Farbblock zu bilden. In diese Falle dürfen wir keinesfalls tappen. Wir müssen uns Zeit lassen und die unterschiedlichen Mischungen herausfinden.

3

3 Mit dem Borstpinsel und einem der beiden Flachpinsel haben wir rasch die ganze Komposition mit Farbe abgedeckt. Aber nicht auf die übliche Weise mit sehr flüssigen Farben, sondern mit Pinselstrichen, die die Farbe festhalten und auf interessante Weise die Form der Blätter andeuten.

4 Nachdem wir die Blüten und Blätter der Pflanze im Blumentopf gemalt haben, sehen wir, dass die blauen Pinselstriche ein harmonisches Zusammenspiel mit dem tiefen Grün des Hintergrunds erzeugen. In die freien Flächen zwischen diesen Pinselstrichen malen wir grüne Töne, die den Eindruck von Laub ergeben, ohne die Blätter wirklich zu zeichnen.

DIE GRÖSSE DER PINSEL
Wenn wir mit lockeren Pinselstrichen malen möchten, sollten wir allzu dünne Pinsel vermeiden. Sie sind schwierig handzuhaben und erzeugen ein scheckiges, wenig attraktives Ergebnis.

4

5 Die Silhouetten der Blätter, die im Hintergrund auftauchen, entstehen aus stark verdünnten grünen Strichen des Borstpinsels. Wegen der Verdünnung verschmilzt der Ton mit dem Blau der Hintergrunds und erzeugt neue, sehr dunkle grünliche Nuancen, die das Gefühl von dichtem, dunklem Laub verstärken.

6 Vergleichen Sie die Flecken aus stark verdünnter Farbe mit denen, die mit dichterer, pastoserer Farbe angelegt wurden. Die ersten verschmelzen miteinander (im Hintergrund und im Topf), während die zweiten jene Form beibehalten, die zuvor durch die Zeichnung festgelegt wurde.

7 Die Farbe der Bodenfliesen, die bisher aus einem einfachen Strichnetz bestanden, hat durch das fortlaufende Auftragen von dichterer Farbe an Solidität gewonnen. Diese Farbe besteht aus Siena gebrannt und Rot mit einer Spur Ocker. Wichtig ist, dass nicht alle Pinselstriche genau dieselbe Farbe besitzen: Die kleinen Tonvariationen bereichern die Farbgebung und verleihen der Darstellung Wahrhaftigkeit.

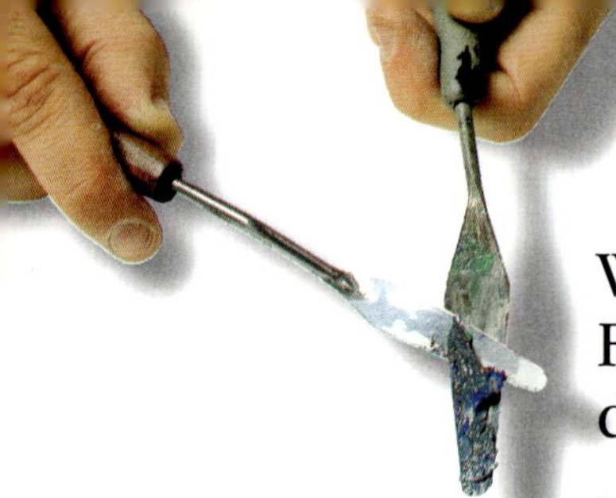

Wenn die Farbschicht dick wird

Während wir arbeiten, wird die Farbschicht immer dicker. Ist sie sehr pastos, muss man beim Anlegen einer vom Grundton stark abweichenden Farbe Acht geben, da die Gefahr besteht, dass die Nuancen verschmutzen. Das ist eines der typischen Risiken der Ölmalerei, die man vermeiden kann, indem man nicht zu abweichende Töne verwendet oder die untere Schicht mit einem Spachtel abkratzt, um auf einer weniger pastosen Basis zu malen.

8

8 Die dicken Pinselstriche auf den Bodenfliesen können jetzt mit dem Spachtel abgeflacht werden. Beim Verstreichen der Farbe entsteht eine besondere Struktur, vor allem wenn es in einer Richtung erfolgt. Diese Struktur passt sehr gut zu der Fläche der Bodenfliesen, da die Spachtelspuren an die besondere Konsistenz des Materials erinnern.

9

MODERATER GEBRAUCH DES SPACHTELS

Der Spachtel ist ein sympathisches Gerät. Wenn wir nicht Acht geben, verwenden wir ihn zu häufig und für alle Teile des Bildes. Er eignet sich gut zum Schaffen konkreter Effekte. Trotzdem man sollte ihn nicht übermäßig einsetzen.

9 Nach der Spachtelarbeit kann man den Boden praktisch als abgeschlossen betrachten. Zu diesem Zeitpunkt ist das Werk bereits restlos harmonisiert. Alle Elemente sind gut in das Gesamtbild integriert, und die ursprünglich spontanen Pinselstriche nehmen nach und nach Form an.

FARBREICHTUM
Es ist nicht dasselbe, ob man einen rosa Fleck völlig gleichförmig malt oder ihn aus unterschiedlichen rosa Nuancen zusammensetzt. Im zweiten Fall wirkt er in jeder Hinsicht wesentlich interessanter. Begnügen wir uns daher nicht mit einem einzigen Farbton pro Element.
Der Reichtum der Farbe ist immer ein zusätzlicher Wert für eine figurative Darstellung, so realistisch sie auch sein mag.

10

10 Hier erkennen wir, dass die Eingangspinselstriche sich als äußerst nützlicher Führer erweisen. Aufgrund der beinahe abstrakten Farbflecken können wir die Lage und die Größe jedes Blattes ebenso leicht oder noch leichter berechnen als bei einer sehr präzisen Vorzeichnung.

11

11 Die Details der Blüten haben wir uns bis zum Schluss aufgehoben, da ihre Form und Farbe bereits feststeht und keine größere Ausarbeitung mehr erfordert. Jetzt, nachdem die gesamten Blätter ein sehr fortgeschrittenes Stadium erreicht haben, ist der Moment gekommen, die Blütenblätter mit demselben Rosa (Karmin plus Weiß) plus reinem Karmin auszuarbeiten.

12

12 Die Darstellung der Blüten besteht aus einer Ansammlung von kurzen Strichen, beinahe Pinseltupfern, mit demselben Rosa plus mehr oder weniger Weiß. An den dunkelsten Stellen ähnelt die Farbe reinem Karmin.

Die letzten Mischungen

Im letzten Stadium ist es einfacher, die Mischungen auf der Leinwand statt auf der Palette anzufertigen.

In der letzten Phase ist es einfacher, die Farbmischungen auf der Leinwand anzufertigen und nicht auf der Palette. Wegen der angesammelten Farbmenge kann man eine Stelle nuancieren, indem man einen Ton „in situ" zufügt und mischt. Um zum Beispiel Karmin aufzuhellen, braucht man kein Karmin und Weiß auf der Palette zu mischen. Wir können einige Tupfer Weiß auf das Karmin legen, das sich bereits auf der Leinwand befindet. So vermeiden wir eine Überfrachtung der Impastos und die Gefahr, nicht den richtigen Ton zu erreichen und das Ergebnis zu verschmutzen. Normalerweise werden Farbmischungen auf der Leinwand mit einem gut gefüllten Pinsel ausgeführt.

VON DICK NACH DÜNN
Als allgemeine Regel für die Ölmalerei können wir festhalten, dass die ersten Pinselstriche ziemlich dick sein können, wenn man es wünscht. Das letzte Stadium des Bildes muss jedoch mit mittleren oder dünnen Pinseln ausgeführt werden.

13

13 Hier das fertige Werk. Beachten Sie die Blätter und die aufwändige Ausarbeitung der Details. Diese Ausarbeitung erfolgte nicht nach einer präzisen Vorzeichnung, sondern auf der Grundlage sehr rascher, lebhafter Pinselstriche, die als Leitlinien für die spätere Arbeit dienten.

Die atmosphärische Wirkung

Mit all dem praktischen Wissen, das wir bisher angesammelt haben, sind wir jetzt in der Lage, uns mit verschiedenen Effekten zu befassen, die man mit Ölfarben erreichen kann. Einer ist die Atmosphäre, das Verschwimmen der Formen und Farben aufgrund der Luft und der Feuchtigkeit, von denen die Elemente umgeben sind. Wir malen eine Landschaft im Nebel. Diesen Nebel, der sich zwischen die Bestandteile der Landschaft und den Betrachter schiebt, kann man mit den Methoden darstellen, die wir bereits untersucht haben, sowie einigen zusätzlichen Verfahren der Ölmalerei.

Ein äußerst interessantes Thema stellt diese Landschaft für jeden Maler dar, der ausdrucksvolle Effekte in der Natur oder einen flüchtigen Augenblick des Lichts, des Himmels oder des Klimas etc. wiedergeben möchte. Der Nebel nimmt die Hälfte des Panoramas ein und löst die hinteren Ebenen in einen weißlichen Schleier auf. Diese Wirkung wollen wir in der folgenden Übung erreichen.

1

1 Wir fertigen keine Vorzeichnung an, sondern skizzieren die Landschaft direkt mit dem Pinsel und stark verdünntem Siena, in das wir etwas Grün gemischt haben. Wir tragen die Farbe wie bei der Aquarellmalerei als große Flecken auf. Die atmosphärische Darstellung des Themas ist bereits von Anfang an zu erkennen.

MATERIAL

- Leinwand oder bespannte Malpappe
- Ein dünner Rundpinsel, zwei mittlere Flachpinsel und ein Spachtel
- Komplette Farbskala

DIE SKALA AUF DER PALETTE

Dies ist die Farbskala, die wir für unsere Arbeit benötigen. Eine erstaunlich breite Palette angesichts der Art des Themas. Wir erkennen allein drei Gelb: Gelb zitron, Kadmiumgelb mittel und Lichter Ocker. Ferner zwei Rottöne: Kadmiumrot mittel und Karmin. Hinzu kommen Coelinblau und Ultramarinblau, Permanentgrün und Chromoxidgrün sowie die gebrochenen Farben Siena gebrannt und Umbra.

ERFORDERLICHE TECHNIKEN

◆ Untermalung ◆
◆ Nuancierung der Farben ◆
◆ Anpassung der Tonwerte ◆

Die Atmosphäre

Die Atmosphäre dämpft Stärke und Kontraste der Farben einer Landschaft.

Die Atmosphäre ist ein typisches Merkmal der Landschaft. Die zwischengeschobene Luft lässt die fernen Formen unscharf erscheinen und dämpft die Stärke und die Kontraste ihrer Farben. Bei dieser nebligen Landschaft vervielfältigen sich die Wirkungen der Atmosphäre. Die mittleren Ebenen sind verschwommen, während der Hintergrund völlig vom flachen Nebel verdeckt wird und verschwindet. Diese Atmosphäre lässt sich mühelos darstellen, indem man die Farben auf ein Minimum reduziert, die Formen der Bäume in „geisterhafte" Silhouetten verwandelt und präzise Umrisse vermeidet. Die Wirkung der sehr dichten Atmosphäre ist äußerst malerisch. Sie deutet die Landschaft an, ohne sie darzustellen. Wir wissen, dass sie vorhanden ist. Aber wir sehen sie nicht.

TAUSENDUNDEINS GRAUTÖNE

Dies ist ein ideales Thema, um Mischungen von Grau zu schaffen: ockerstichige, bläuliche, grünliche, bräunliche Grautöne. Die unzähligen Grautöne, aus denen der dichte Nebel um den Wald besteht.

2

2 Abgesehen vom mittleren Abschnitt, ist die ganze Komposition von Grautönen überzogen, die aus Mischungen des vorigen Siena mit Weiß bestehen. Da dieses Siena mit Grün nuanciert war, variiert der neue Ton entsprechend dem Anteil dieser Farbe an der Mischung.

3

3 Die Anfertigung dieses Bildes geht ziemlich schnell. Die Pinselstriche beschreiben gleichzeitig die Farben und die Formen. Auf der Abbildung erkennen wir zum Beispiel, wie die Bäume auf den vorigen Farbflecken mit dem Pinsel und Chromoxidgrün mit einer Spur Umbra gezeichnet werden.

NUANCEN DER MISCHUNGEN

Auf der unteren Abbildung sehen Sie die Mischungen, die bisher auf der Palette entstanden sind. Die rosa Töne bestehen aus Siena mit Weiß, in das etwas Rot gegeben wurde. Sie finden diese Nuancen unmittelbar unterhalb der zweiten Ebene, die dem Horizont entspricht. Ferner erkennen Sie unterschiedliche Kombinationen von Umbra und Blau, die den dunkelsten Stellen der Felsen entsprechen.

4 Die Methode, in einem einzigen Arbeitsgang zu zeichnen und zu kolorieren, ergibt sehr interessante Ergebnisse. Die Farbe der Bäume ist ziemlich ähnlich. Allerdings erkennt man Tonvariationen zwischen der Krone und dem Stamm, die auf unterschiedliche Mengen von Braun und Grün beruhen.

5 Das Geheimnis der Darstellung dieser nebligen Atmosphäre beruht in der Abschwächung der Farben für die fernsten Bäume. Man mischt eine größere Menge Weiß hinein, damit sich die Silhouetten nicht zu stark vom Hintergrund abheben.

Wenn die Formen ihre Umrisse verlieren

Exakte Umrisse aller Formen einer Landschaft zu malen, ist eine unnütze Arbeit, denn die Bäume, Büsche und ein großer Teil der Vegetation verschmelzen miteinander, und ihre Umrisse integrieren sich in den Hintergrund. Das geschieht in hohem Maße in dieser Landschaft, die stark in Nebel gehüllt ist. Am besten stellt man die Formen dar, indem man sie mit Pinsel und Farbe malt, sich von der Leinwand entfernt und die Wirkung überprüft. Vermutlich ist der erste Fleck noch nicht gelungen und muss mit einigen weiteren Pinselstrichen retuschiert werden. Wir entfernen uns erneut und überprüfen sein Aussehen, bis Form und Farbe sich in das Gesamtbild einfügen. Arbeitet man auf diese impressionistische Weise, kann man sehr natürliche Wirkungen erreichen.

6 Die direkte, beinahe grobe Arbeitsweise bei diesem Werk ergibt gute Resultate. Die Farben im Zentrum der Felsen deuten bereits das typische Relief der Landschaft an und sorgen für einen guten Zusammenhang innerhalb einer reduzierten, gedämpften Skala.

7 Wir überlagern die Pinselstriche mit Grün, das mit Weiß aufgehellt wurde, um das Gebüsch anzudeuten, das auf den Felsen wächst. Es handelt sich um rasche Pinselstriche, die die Form andeuten und gleichzeitig die Farbe nuancieren. Die Farbe muss ziemlich pastos sein, damit sie sich nicht mit den Flecken der Untermalung mischt.

6

7

DIE LUFTPERSPEKTIVE
So nennt man die verschwommene Wirkung aufgrund der Atmosphäre. Diese Wirkung ist unschwer in der Morgen- und der Abenddämmerung zu erkennen. Erheblich stärker macht sie sich jedoch in Themen wie diesem bemerkbar, in denen der Nebel eine Rolle spielt. Die Verwischung der Farben und der Umrisse erzeugt ein starkes Gefühl von Tiefe, dem diese Perspektive ihren Namen verdankt.

8

9

8 Die Darstellung des Gebüschs setzt sich im Vordergrund fort, wo die Pflanzen leuchtend gelbe Blüten haben. Um dieses Gelb maximal wiederzugeben, tragen wir eine Schicht sehr dichter Farbe auf. Auf diese Weise mischen sich die Pinselstriche nicht mit dem Untergrund.

9 Da die Farben aufgrund der besonderen Behandlung des Themas eine recht dichte Konsistenz haben, muss die Nuancierung der Töne mit unverdünnter, pastoser Farbe erfolgen. Dies geschieht hier im Hintergrund. Um ihn aufzuhellen, tragen wir reines Weiß mit dem Spachtel auf. Die neue Farbe mischt sich mit der des Hintergrunds und erzeugt einen neuen, sehr hellen Ton, der aber nicht völlig weiß ist.

DIE FARBE DES NEBELS

Der eigentliche Nebel besitzt natürlich keine Farbe. Seine Anwesenheit macht sich durch den Verlust der Umrisse und der Formen einer Landschaft bemerkbar. Für eine gute Darstellung des Nebels muss man daher sowohl die Umrisse als auch die Farben verschwimmen lassen. Darüber hinaus kann man den nebligen Ton mit hellen Graunuancen unterschiedlicher Tönung unterstreichen.

10

10 Wir befassen uns erneut mit den Blüten im Vordergrund. Um ihren Ton zu unterstreichen, tragen wir mit dem Pinsel weiteres Gelb auf und versuchen, mit Farbtupfern ihre typische Form zu erreichen.

Impastos und Farbe

Impastos sind umso leichter anzulegen, je reduzierter die Farbskala ist, mit der man ein Bild malt. Bei einem Bild mit sehr vielen Farben, die miteinander kontrastieren, darf die Schicht nicht zu dick werden, da die Gefahr besteht, dass die Töne sich mischen. Diese Gefahr besteht immer bei der Verwendung pastoser Farben. Man überschreitet leicht die Begrenzungen und beeinträchtigt die benachbarte Farbe. Malt man dagegen mit einer stark limitierten Skala wie in diesem Fall, können die Impastos ohne besondere Vorsichtsmaßnahmen angelegt werden, da die Farben sich ähneln und die anderen Töne nicht „anstecken".

11 Wir nuancieren die Felsen mit der Pinselspitze und unverdünnter Farbe, um ihnen mehr Volumen und Relief zu verleihen. Dazu hellen wir die Ränder auf und modellieren die Formen mit derselben Farbskala (hauptsächlich Siena gebrannt und Umbra, die wir für die hellsten Stellen mit Weiß aufhellen).

11

12 Hier das fertige Ergebnis unserer Arbeit. Das Malverfahren war durch zahlreiche Impastos gekennzeichnet. Die Farbe wurde sehr wenig verdünnt und entsprechend der Ausarbeitung dick aufgetragen. Die Wirkung des Nebels und der Feuchtigkeit der zwischengeschobenen Atmosphäre ist vollständig erreicht.

12

Modellieren mit dem Pinselstrich

Zum Abschluss dieser Übungsreihe wollen wir uns mit einem Thema befassen, das sich auf die menschliche Gestalt stützt. Dabei stellen sich folgende Probleme: die Ähnlichkeit und die Hautfarbe. Bei unserem Motiv nehmen diese beiden Probleme jedoch erst den zweiten Rang ein, da der dicke Pinselstrich im Vordergrund steht, der die Formen zusammenfassend modelliert. Daraus besteht die Grundtechnik dieses Bildes. Angesichts der geringen Größe der Gestalten und der Tatsache, dass sie sehr weite Kleidung tragen, können wir sie wie Elemente der Landschaft behandeln und benötigen weder ein anatomisches Grundgerüst noch eine vollständige Ausarbeitung der Hautfarbe.

Diese exotische Szene ist das Motiv für unsere Übung. Wir werden aufzeigen, wie man alles, was zur Wiedergabe der Formen erforderlich ist (Farben, Schattieren etc.), mit dicken Pinselstrichen lösen kann.

MATERIAL
- Leinwand oder bespannte Malpappe
- Ein dünner Rundpinsel, ein mittlerer und ein großer Flachpinsel
- Komplette Farbskala

1 Die Eingangszeichnung wird wie eine Aquarellskizze behandelt. Mit stark verdünntem Umbra zeichnen wir die Komposition in großen Zügen und lassen den Pinsel ungezwungen gleiten.

1

2

2 Mit dem großen Flachpinsel und einer Reihe stark verdünnter Farben decken wir die Leinwand rasch ab. Für die Kleidung der Gestalten verwenden wir rosa und hellblaue Töne, während wir für den oberen Abschnitt der Szene Umbra benötigen. Wie Sie sehen, bilden sich wegen der dünnen Farben einige Tropfen.

DIE PALETTE
Hier die Verteilung der Farben auf der Palette. Da es sich um eine stärker reduzierte Skala handelt als bei den vorigen Übungen, liegen die Farben weiter getrennt. Die Skala setzt sich wie folgt zusammen: Gelb zitron, Kadmiumgelb, Lichter Ocker, Zinnober, Kadmiumrot, Coelinblau, Ultramarinblau und Umbra.

Die Größe der Gestalten

Wenn ein Thema menschliche Gestalten enthält, die nicht die gesamte Komposition ausfüllen, kann sich das Problem stellen, wie man ihnen auf solch kleinem Raum (dem für den Kopf) Ausdruck gibt. Die Lösung besteht darin, die Gesichter auf ein Minimum zu reduzieren und die Augen, die Nase und den Mund mit einfachen Pinseltupfern anzudeuten. Gelingt das Gesicht nicht auf Anhieb, kratzt man es wieder ab oder säubert die Stelle mit einem Lappen und beginnt von vorn. Ist das Gesicht gelungen, darf man es nicht mehr retuschieren. Das würde ihm mit Sicherheit schaden.

3

3 Die erste Anpassung der Tonwerte für die Kleidung erfolgt mit warmen Farben: Orange und Rosa, die bereits ein Gefühl von Relief erzeugen, ohne die Formen perfekt auszudrücken. Die ersten Farbflecken ergeben die allgemeine Struktur des komplizierten Spiels der Falten, die die Tuniken werfen.

4

4 Auf die dunklen Flecken des Hintergrunds legen wir hellere Töne, um die Farbgebung zu vereinheitlichen. Die ersten stark verdünnten Flecken stumpfen das Weiß ab und erzeugen mittlere Töne, die für diesen Abschnitt der Komposition erforderlich sind. Der Oberkörper der Gestalten wurde mit Pinselstrichen in einer sehr ähnlichen Farbe wie die des Hintergrunds angelegt, allerdings mit wärmeren Tönen nuanciert und mit leichten Tupfern detailliert, um die Gesichtszüge anzudeuten.

ERFORDERLICHE TECHNIKEN

◆ Vorzeichnung ◆
◆ Allgemeine Farbanlage ◆
◆ Nuancieren mit Farbe ◆
◆ Anpassung der Tonwerte ◆

WARME UND KALTE FARBEN

Dieses Bild ist ein gutes Beispiel für die Kontrastwirkung von warmen und kalten Farben. Warme Farben (wie Rosa und Gelb, die in den Gestalten dominieren) scheinen in den Vordergrund zu rücken, während kalte Farben zurückweichen. Ein äußerst nützlicher Faktor, wenn es wie in diesem Fall gilt, Gestalten vom Hintergrund abzuheben. Die Farben des Hintergrunds treten zurück, da sie erheblich kälter sind als die der Gestalten.

5

5 Die Anlage der Farben schreitet rasch fort. Inzwischen erkennt man die kalten Farbflecken (graustichiges Blau) hinter den Gestalten. Der Kontrast der warmen Farben der Kleidung mit den kalten Farben des Hintergrunds verstärkt das Gefühl von Räumlichkeit.

6 Mit dem dünnen Pinsel überarbeiten wir die Umrisse der Falten, die wir zuvor mit breiten Pinselstrichen angelegt haben. Die neuen Farben deuten die Schatten und die Begrenzungen zwischen den Falten an und konkretisieren die Details der Szene.

6

7 Die Ausarbeitung der Formen erfolgt äußerst schlicht und unauffällig mit dicken Pinselstrichen, die das Volumen andeuten. Beachten Sie zum Beispiel das bläuliche Gefäß.

7

Die gebrochenen Farben

Wir wissen bereits, dass es innerhalb der vielfältigen Farbskalen oder Familien auch gebrochene Farben gibt: „schmutzige" Farben, die warm oder kalt sein können. Es handelt sich um eine so breite Skala, wie man möchte, da aus jeder Mischung zweier gebrochener Farben eine neue entsteht. Das geschieht hier zur Wiedergabe der Farben des Bodens. Die Palette füllt sich mit Tönen in Ocker, Siena und Grau, und mit jeder neuen Mischung kommt eine neue Möglichkeit hinzu, einen weiteren gebrochenen Ton aus der Mischung der vorigen zu erhalten. Natürlich gibt es eine Grenze: Die Farben werden immer dunkler, und man muss Acht geben, dass man die Komposition nicht zu stark abschattet.

DIE MISCHUNGEN
Auf dieser Palette sehen Sie die Mischungen, die wir bisher angefertigt haben. Darin dominieren braune Töne auf der Grundlage von Umbra. Außerdem erkennen Sie einige Blau- und Rosanuancen, die zur Farbe der Kleidung gehören. Ausgehend von diesen Mischungen, entwickelt sich das Bild weiter.

8

8 Die ganze Leinwand ist inzwischen mit Farbe bedeckt. Die Töne des Hintergrunds und des Bodens sind sehr ähnlich. Wir müssen sie stärker differenzieren, um die Bodenfläche interessanter zu machen. Andererseits treten die Gestalten aufgrund ihrer hellen Kleidung nach dem Abtönen der ganzen Leinwand in einer braunen Farbgebung jetzt viel stärker hervor.

9 Die weitere Ausarbeitung der Kleidung erfolgt mit langen Pinselstrichen abwechselnd in Rosa und Blau, die dem Faltenwurf folgen. Dadurch werden die Schatten ganz leicht abgestumpft, damit die zarte Farbgebung des Bildes nicht verlorengeht.

DER SONNENSCHIRM
Der Sonnenschirm besteht ausschließlich aus Kadmiumrot. Weitere Farben sind nicht erforderlich. Das Rot reicht aus, um die Form wiederzugeben, und sollte nicht durch weitere Farben beeinträchtigt werden.

9

10

10 Mit unverdünntem Umbra ziehen wir die Umrisse des Sonnenschirms nach, der bisher aus großen Farbflächen bestand. Diese Umrisse verleihen dem Schirm Festigkeit und verstärken die schlichte Struktur der Komposition. Anschließend legen wir weiße Pinselstriche auf den Boden, welche die Fugen zwischen den Steinplatten markieren.

11

12

11 Die Bearbeitung der Bodenplatten ist bereits zu erkennen. Wir verwenden dieselben Farben wie für die Untermalung (Umbra und Ocker), malen jedoch mit lockeren Pinselstrichen, die für Struktur sorgen und die raue Oberfläche des Steins andeuten.

12 Die Nuancierung des Bodens schließt auch die anderen Elemente ein, zum Beispiel den Topf. Wir modellieren ihn mit reinem Blau, das wir auf die vorige schlichte Untermalung tragen.

13

Der Augenblick des Abschlusses

Lieber ein Bild unfertig lassen, als es zu überfrachten. Im ersten Fall kann man immer noch weitermalen. Im zweiten Fall gibt es keine Rettung. Es ist nicht einfach, den Moment zu erkennen, in dem man ein Bild für beendet erklären muss. Ein wichtiges Kriterium kann uns jedoch helfen: Wenn wir nicht wissen, wie wir die Wirkung verbessern können, sollten wir beenden. Jede Arbeit kann verbessert werden. Sinnvoller ist jedoch, es nicht zu versuchen, wenn man nicht sicher weiß, wie es geschehen soll. Man muss das Bild ruhen lassen, es einige Stunden oder einen ganzen Tag „vergessen", um es anschließend zu betrachten und mit größerer Strenge zu entscheiden.

13 Die Steinplatten sind fast beendet. Der Randstein im Vordergrund wurde abgedunkelt, und die Komposition ist wesentlich klarer geworden. Zu bearbeiten bleibt die Fläche zwischen den beiden Gestalten, die noch etwas verschwommen ist.

14 Wir vereinen die unzusammenhängenden Farbflecken im Zentrum der Komposition und schließen die Arbeit ab. Wie Sie sehen, verleiht Ausarbeitung mit Pinselstrichen dem Werk etwas wirklich Malerisches, was genau der Natur der Ölfarben entspricht.

14

Hier finden Sie eine Auswahl weiterer Buchtitel der Edition Michael Fischer zum Thema Ölmalerei:

Buchreihen und Titel

Schritt für Schritt leichtgemacht:
- Landschaften in Öl

Werkstattbücher Malen und Zeichnen:
- Ölbilder
- Ölbilder II

Technik und Übungen:
- Das Ölbild

Richtiges Malen und Zeichnen:
- Richtig Malen mit Ölfarben
- Wie male ich Landschaften in Öl

Parramóns Schritt-für-Schritt-Lehrgang:
- Landschaften in Öl

Das große Buch:
- Das große Buch Ölfarben